초딩 인생 처음 물리

초딩의 눈높이로 배우는
세상의 모든 물리

리용러 지음 | 안지선 옮김 | 장형진 감수

의미와 재미

李永乐老师给孩子讲物理 Copyright@2020, Li Yongle All Rights Reserved.
This Korean edition was published by MeannFun Publishing in 2021 by arrangement with Phoenix Science Press, Ltd. through Arui SHIN Agency.

이 책의 한국어판 저작권은 Arui SHIN Agency를 통해 Phoenix Science Press, Ltd.와의 독점계약으로 의미와 재미에 있습니다. 본 저작물은 저작권법에 의해 한국 내에서 보호를 받는 저작물이므로 무단전재와 무단복제를 금합니다.

초딩 인생 처음 물리

**초딩의 눈높이로 배우는
세상의 모든 물리**

[여는 글]
세상의 모든 물리를 만나는 첫걸음

혹시 과학이 어렵다고 생각하나요? 물리는 더 어려울 것 같다고요? 맞아요. 과학은 어려운 과목이에요. 하지만 우리를 둘러싼 세상은 물리법칙으로 가득 차 있어요. 마치 모험으로 가득 찬 미지의 세계처럼 말이에요. 처음에는 어려워 보여도 차근차근 과학자들의 발자취를 따라가다 보면, 어느새 우리도 과학자처럼 생각하고 꿈꾸게 될 거예요. 그 첫걸음이 되어 줄 <초딩 인생 처음 물리>를 소개합니다!

우리는 이런 물리학 용어와 법칙들을 만나게 될 거예요!

#중첩 #빅뱅 #EPR역설 #표면장력 #유체 #압력 #부력 #붕괴 #특이점
#원소주기율표 #회절 #전기장 #적외선 #사건지평선 #파동-입자 이중성
#고체 #진폭 #주파수 #파장 #자외선 #분자 #맥스웰의 방정식
#특수상대성이론 #전류 #원자핵 #증발 #블랙홀 #반사 #굴절
#원자 #양성자 #중성자 #관성의 법칙 #운동 #정지 #자기장 #원자폭탄
#연쇄반응 #핵융합 #핵분열
#양자요동 #베르누이의 원리 #분광 #가속도의 법칙 #중력
#상대성이론 #진동 #만유인력의 법칙 #코펜하겐학파
#부착력 #대기압
#시간 팽창 #슈뢰딩거의 고양이 #증발 #광원 #일식 #월식 #불확정성원리
#질량-에너지 등가
#음파 #전파 #양전하 #음전하 #파동 #작용반작용의 법칙
#감마선 #이중슬릿 실험 #광전효과 #전자
#방사성물질 #양극과 음극 #전자석 #일반상대성이론 #삼원색
#마그데부르크의 반구실험 #파동의 간섭 #플랑크상수
#광속도불변의 원리

이런 위대한 과학자들도 만나게 된답니다!

#러더퍼드 #플랑크 #호이겐스
#마리 퀴리 #뉴턴 #멘델레예프 #맥스웰
#토머스 영 #보어 #채드윅 #데모크리토스
#베르누이
#프레넬 #하이젠베르크 #아인슈타인
#피타고라스
#슈뢰딩거 #푸아송 #보른 #파스칼
#드 브로이 #아르키메데스

그럼, <초딩 인생 처음 물리>와 함께
우리를 둘러싼 세상의 모든 물리를 만나러 떠나볼까요?

CONTENTS
목차

여는 글	04
01 역학 Mechanics	08
02 열역학 Thermodynamics	32
03 광학 Optics	54
04 진동과 파동 Oscillation & Wave	78
05 전자기학 Electromagnetics	102

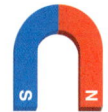

06 유체역학 **Fluid mechanics** **126**

07 원자물리학 **Atomic physics** **150**

08 광학사 **History of Optics** **174**

09 상대성이론 **Theory of relativity** **198**

10 양자역학 **Quantum mechanics** **224**

Mechanics

큰 나무 한 그루가 있고,

나무 옆에서 아이들이 뛰어놀고 있어요.

아이들은 움직이고 있지요, 바로 **운동**을 하고 있는 거예요.

큰 나무는 움직이지 않고 **정지**해 있어요.

PHYSICS 01

그렇지만 큰 나무는 지구에서 자라고 있고, 지구는 태양의 주위를 돌고 있어요.
그러니까 태양이 보기에는 지구에 있는 큰 나무도 움직이고 있는 거죠.
태양이 보기에는 큰 나무가 1초에 30킬로미터의 속도로 달려가고 있는데,
이 속도라면 비행기보다 100배나 빨라요!

달리는 기차 안에 놓인 식탁과 의자는, 기차 안에서 바라보면 멈춰있는 것처럼 보이지요. 그런데 기차 밖에 서서 기차 안의 식탁과 의자를 바라본다면, 날아갈 듯 빠른 기차와 함께 식탁과 의자도 움직이는 것처럼 보일 거예요. 그러니까, 움직임과 멈춤은 관찰하는 사람이 어디에 있느냐에 따라 달라져요. 운동과 정지는 상대적인 거예요.

PHYSICS 01

땅 위에 솟은 산은 아무리 밀어보려 해도 밀리거나 움직이지 않지요.
멈춰있는 물체가 움직이려고 하지 않는 것을 관성이라고 해요.

해일이 밀려오면, 큰 파도가 하늘에 닿을 것처럼 솟아 올라서 아무리 막으려 해도 막을 수 없어요.
움직이는 물체가 멈추지 않으려는 것도 관성이라고 해요.

관성이 작은 자전거   관성이 큰 기차

자전거가 움직이거나 멈추기 쉬운 건
자전거의 관성이 작기 때문이에요.
그런데, 기차가 움직이거나 멈추는 건 자전거보다 어려워요.
기차의 관성이 크기 때문이지요.
무거운 물체일수록 관성이 더 큽니다.

Mechanics

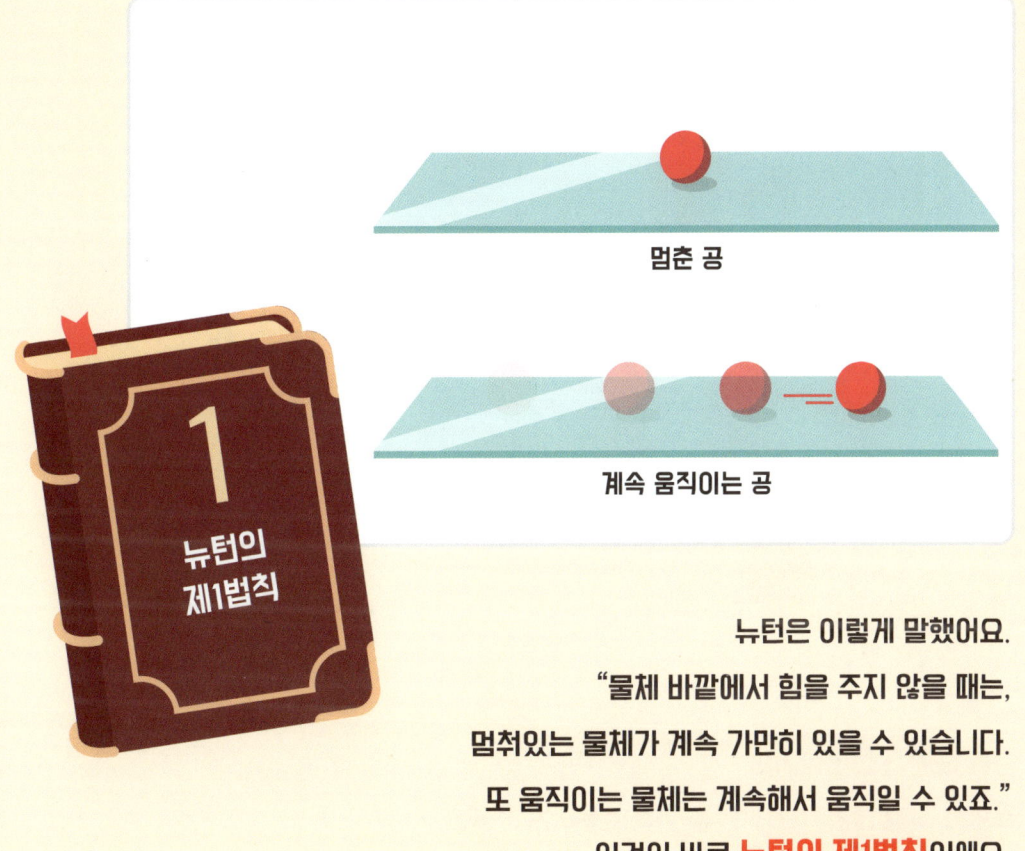

멈춘 공

계속 움직이는 공

1 뉴턴의 제1법칙

뉴턴은 이렇게 말했어요.
"물체 바깥에서 힘을 주지 않을 때는,
멈춰있는 물체가 계속 가만히 있을 수 있습니다.
또 움직이는 물체는 계속해서 움직일 수 있죠."
이것이 바로 **뉴턴의 제1법칙**이에요.
뉴턴의 제1법칙은 **관성의 법칙**이라고도 하지요.

PHYSICS 01

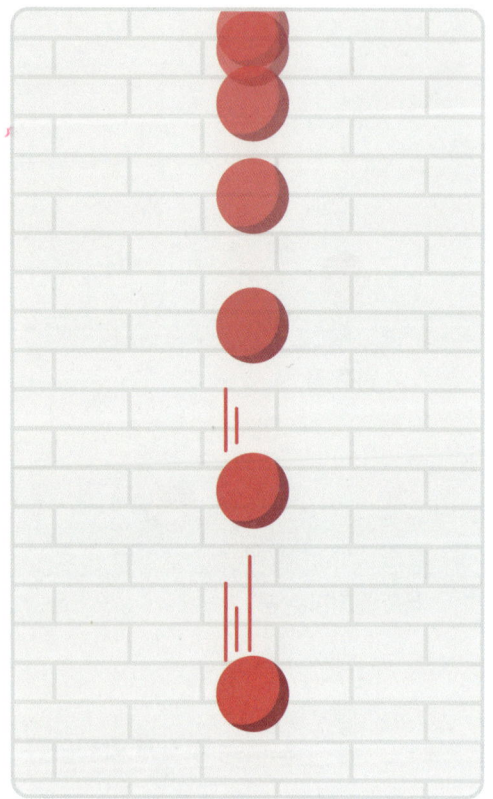
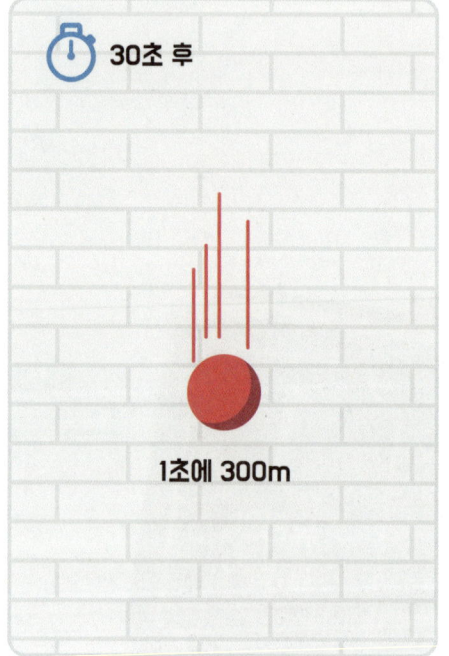

30초 후

1초에 300m

공을 손에서 떨어뜨리면,
속도가 점점 빨라지는데 이를 가속운동이라고 해요.
30초가 지나면, 작은 공은 비행기보다
더 빠르게 움직인답니다.

왜 공은 점점 더 빨리 떨어질까요?
작은 공이 지구가 끌어당기는 힘을 받기 때문이에요.
물체가 받는 힘 때문에 속도가 더더욱 빨라지는 것이지요.
힘은 물체가 빠르게, 또는 천천히 운동하도록 만듭니다.

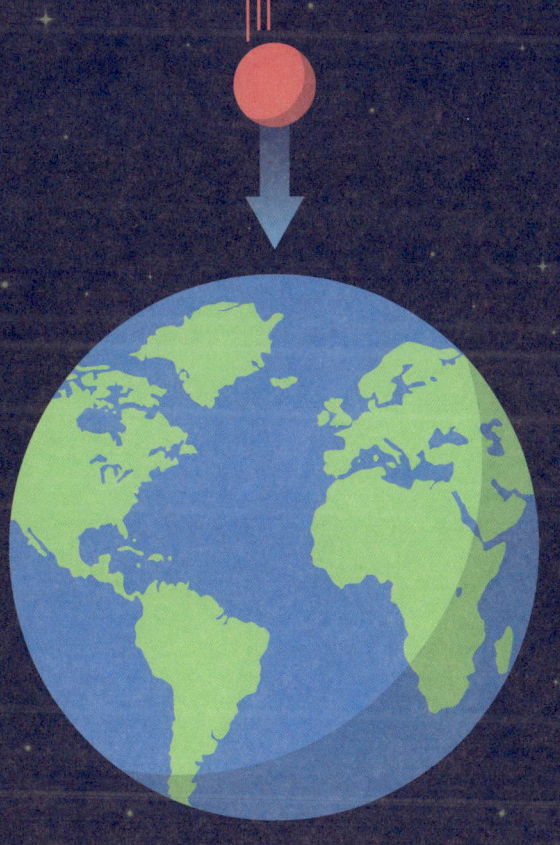

PHYSICS  01

당구공이 당구대의 초록색 테두리에 맞고 튕기는 순간, 운동 방향이 변하게 돼요. 테두리 부분이 당구공에 부딪혀 힘을 주었기 때문이지요.
힘은 물체의 운동 방향을 바꿀 수도 있어요.

Mechanics

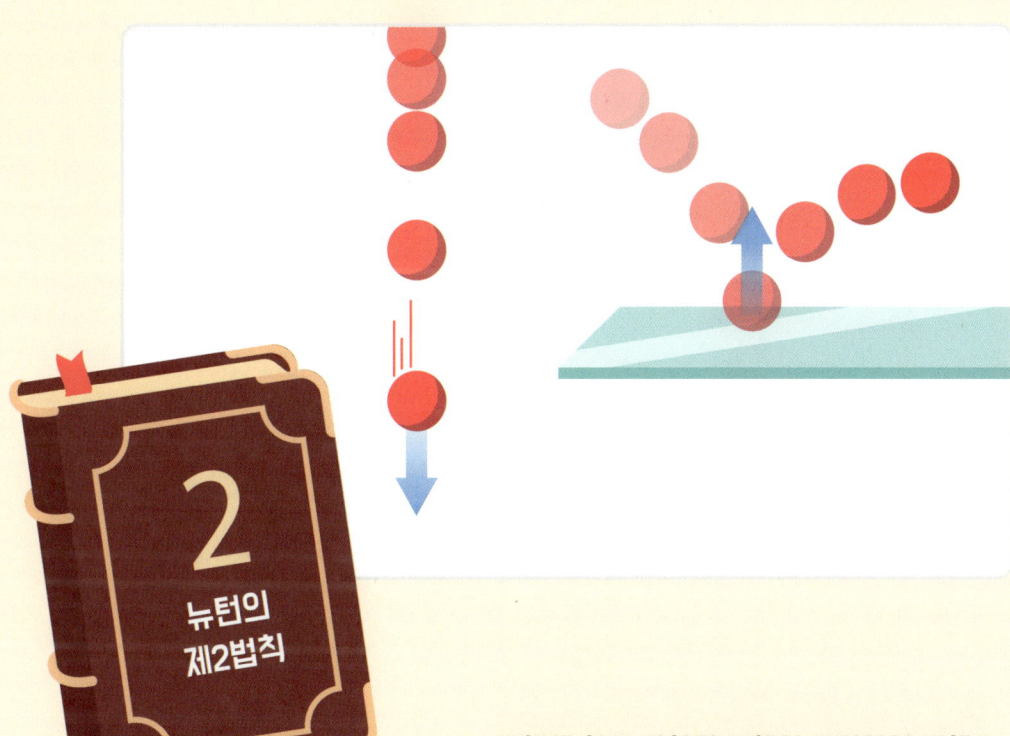

2 뉴턴의 제2법칙

물체에 힘을 가하면 물체의 움직임이 변해요.
힘은 물체를 더 빠르게 하거나
더 느리게 움직이도록 할 수 있고,
또는 물체가 움직이는 방향을 바꿀 수도 있어요.
이게 바로 **뉴턴의 제2법칙**이에요.
뉴턴의 제2법칙은 **가속도의 법칙**이라고도 하지요.

PHYSICS 01

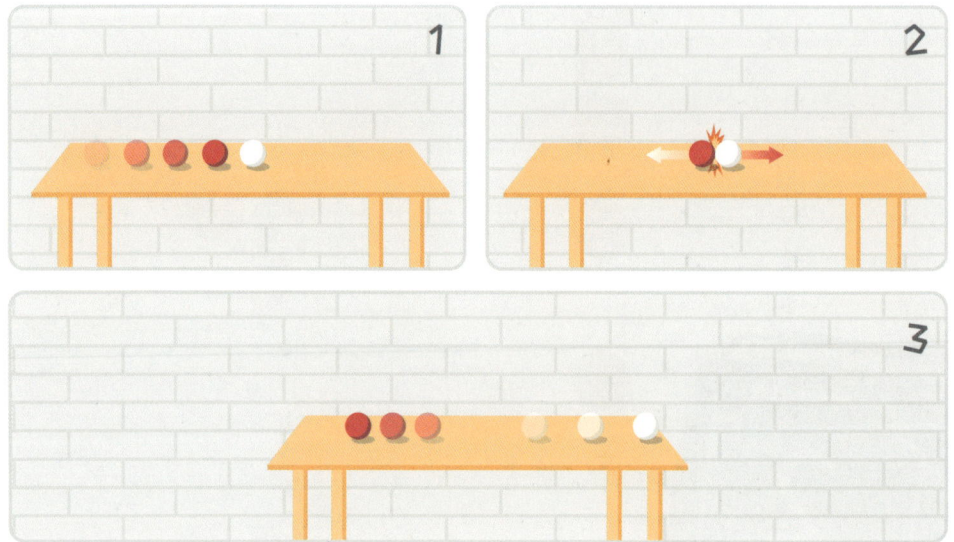

움직이는 빨간 공이 가만히 있는 흰 공과 부딪히면
빨간 공이 흰 공에게 힘을 주게 돼요.
그래서 흰 공은 움직이기 시작하지요.
이때 흰 공도 빨간 공에게 힘을 주었기 때문에, 빨간 공이 튕겨 나가요.
흰 공과 빨간 공은 **서로 힘을 주고 받았답니다.**

Mechanics

우리가 모래 위에 서 있을 때 모래 아래로 떨어지지 않지요?
왜냐하면 모래가 사람에게 힘을 주기 때문이에요.
대신, 사람이 모래를 밟으면 모래가 움푹 패이지요.
바로 사람이 모래에 힘을 가했다는 뜻이에요.
사람과 모래도 서로 힘을 주고 받는답니다.

PHYSICS 01

뉴턴은 또 이렇게 말했어요.
"두 물체 사이에는 서로 주고 받는 힘이 있어요.
한 힘은 작용이라 하고 다른 힘은 반작용이라고 합니다.
이 두 힘의 크기는 같고, 방향은 반대죠."
이것이 바로 **뉴턴의 제3법칙**입니다.
작용 반작용의 법칙이라고도 부릅니다.

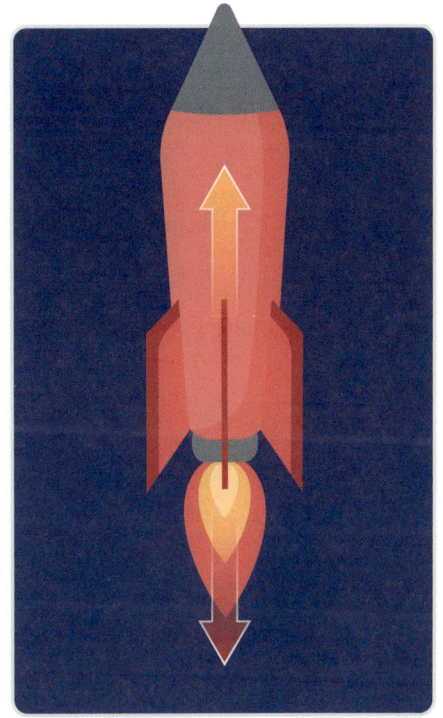

배를 타고 노를 저을 때, 노는 물이 뒤로 움직이게 하는 힘을 주지요.
물은 노가 앞으로 갈 수 있는 반작용의 힘을 주고요.
그래서 결국 배가 앞으로 나아갈 수 있는 거예요.
로켓을 발사할 때, 로켓은 기체가 아래로 가도록 작용하는 힘을 준답니다.
기체는 로켓이 위로 갈 수 있는 반작용을 하고요.
그러면 로켓이 하늘 위로 올라갈 수 있는 거예요.
이게 다 뉴턴의 제3법칙이 우리에게 알려주는 내용이랍니다.

PHYSICS 01

뉴턴의 제3법칙은 우리에게
힘과 운동이 서로 어떤 관계인지 알려주었지요.
이건 **아이작 뉴턴**이라는 과학자가 22살 때 생각해낸 거예요.
어느 날, 뉴턴이 사과나무 아래 앉아서 책을 읽는데,
사과 한 알이 뉴턴의 머리 위로 툭 떨어져 부딪혔어요.

'사과는 왜 땅으로 떨어지게 될까? 어떤 힘이 사과를 떨어지게 만든 걸까?'
뉴턴은 문득 깨달았어요! 그건 바로 **지구가 끌어당기는 힘** 때문이라는 걸요.
지구는 땅에 있는 모든 물체를 끌어당기는 힘을 가졌고, 그래서 사과는
가만히 있다가 움직이게 된 거예요.

PHYSICS 01

우리가 지구에 사는 동안,
지구는 멈추지 않고 스스로 돌고 있어요.
지구가 우리를 끌어당기니까, 우리는 허공으로 튕겨 나가지 않는 거예요.
우리가 뛰어오를 때도 끌어당기는 힘 때문에 다시 땅으로 돌아오게 되지요.
지구가 사람을 끌어당기는 힘을 **중력**이라고 해요.

Mechanics

달과 지구 사이에도 끌어당기는 힘이 있어서
달이 떨어지지 않고 지구 주위를 돌지요.
태양과 지구 사이에도 끌어당기는 힘이 있어서
지구가 떨어지지 않고 태양의 주위를 돌아요.

27 역학

PHYSICS 01

뉴턴은 세상에 존재하는 어떤 물체든, 두 물체 사이에는 끌어당기는 힘이 존재한다고 생각했어요. 이것을 **만유인력의 법칙**이라고 부르지요. 만유인력은 물체의 질량과 관계가 있는데, 지구가 사과를 끌어당기는 힘이 크기 때문에 사과가 땅에 떨어질 수 있는 거예요. 하지만 사과끼리 끌어당기는 힘은 작기 때문에, 우리는 사과에 서로 끌어당기는 힘이 있다는 것을 알아채기가 힘들지요. 그렇지만 끌어당기는 힘은 분명히 존재한답니다.

지구의 땅 위에 열린 사과와 밤하늘에 뜬 달은 모두 똑같은 물리법칙을 따르게 돼요. 뉴턴은 우주와 지구를 하나로 생각했기 때문에, 당시의 가장 위대한 과학자가 될 수 있었어요. 우리 친구들도 나중에 크면 뉴턴처럼 대단해질 거예요!

🍌 독자의 편지

🧒 선생님 안녕하세요! 궁금한 게 있는데요. 아까 고무공이 움직일 때는 관성이 작용해서 멈추지 않으려 한다고 하셨잖아요. 하지만 제가 보니 고무공이 땅에서 잠시 구르고 나서 멈추던데 왜 그런가요?

👴 땅은 매끈하지 않고 거칠거칠하지요? 그게 공의 움직임을 방해하는 힘인 마찰력을 주거든요. 마찰력이 고무공을 붙잡는 거예요. 양손을 한 번 비벼보세요. 마찰력이 느껴지지요? 마찰력은 우리 생활에 아주 중요한 역할을 한답니다. 길을 걸을 때 신발과 땅 사이에 마찰력이 있기 때문에 우리가 미끄러지지 않아요. 컵을 잡을 때도, 손과 컵 사이에 마찰력이 있기 때문에 컵이 손에서 떨어지지 않는 거고요. 마찰력이 없는 세상을 한 번 상상해 보세요. 아마 모든 물건에 기름을 바른 것 같아서 우리는 아무것도 할 수 없을걸요.

🧒 아직 아리송한 게 있어요. 고무공이 땅 위에 있을 때는 땅이 고무공에 마찰력을 주잖아요. 그런데 고무공이 허공에서 떨어질 때는 지구와 붙어있지도 않은데 어떻게 지구가 끌어당기는 힘을 계속 받을 수 있는 거죠?

👴 어떤 힘은 두 물체가 서로 붙어있어야만 생기곤 해요. 고무공과 땅 사이의 마찰력이나, 사람이 땅 위에 서있을 때의 수직항력은 모두 접촉하면서 생기는 힘이지요. 그런데 어떤 힘은 꼭 두 물체가 붙어있지 않아도 생겨난답니다. 예를 들면 태양과 지구 사이의 만유인력이나, 두 자석 사이의 자기장 같은 건 접촉이 필요 없거든요. 그러니까 우리가 뛰어올라서 지구와 접촉하지 않는다고 해도 지구가 끌어당기는 힘이 우리를 지표면으로 돌아가게 만들지요.

🧒 뛰어오른다니 또 생각나는 게 하나 있어요. 선생님께서 지구가 태양의 둘레를 돌 때 속도가 어마어마하게 빠르다고 하셨는데, 믿어지지가 않아요. 만약 지구가 태양의 주변을 엄청나게 빨리 돌고 있을 때 제가 땅에서 뛰어올랐다가 떨어지면 지구보다 좀 더 늦어질 거 아니에요? 그런데 실제로는 제가 원래 뛰어올랐던 그 자리로 돌아가는걸요.

👴 맞아요. 사람과 지구는 모두 태양 주변을 돌고 있고, 사람과 지구의 속도가 같기 때문에 그래요. 그래서 땅에서 봤을 때는 우리는 여전히 똑같은 자리에 떨어지는 것 같지요. 만약 비행기에 앉아서 요요를 던졌다고 생각해 봐요. 요요는 그대로 손 안에 있지만 그 짧은 시간 동안 비행기는 수백 미터를 날았을 거예요. 요요도 비행기와 함께 수백 미터를 날아간 거죠.

🧒 아하! 지구가 마치 큰 비행기처럼 우리를 데리고 태양 주변을 도는 거군요. 저 이제 자야겠어요. 자는 동안 지구가 저를 아주 멀리 데려가겠네요!

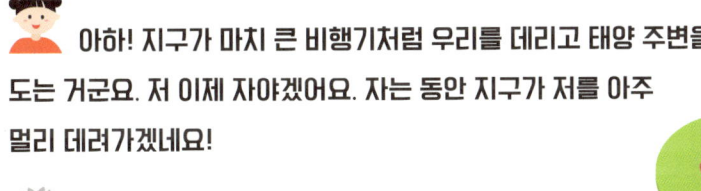

👴 잘 자요! 여행하는 동안 좋은 꿈 꾸고요!

🧒 안녕히 주무세요!

PHYSICS 02

Thermodynamics

열역학

Thermodynamics

세상에는 아주 다양한 물체가 있지요.
이것은 전부 무엇으로 이루어졌을까요?

PHYSICS  02

우리가 까마득히 먼 곳에서 보면 이곳은 하나의 큰 모래밭으로 보이겠지요. 그런데 가까이 다가가 보면, 모래밭은 작은 모래알이 모여서 만들어졌다는 것을 알 수 있어요.

Thermodynamics

그 모래알을 하나 집어서 확대해 보면,
모래알은 그보다 훨씬 작은 알갱이들로 이루어진 것을 알 수 있어요.
이 작은 알갱이를 **분자**라고 부릅니다.

모래알

분자

PHYSICS 02

산소 분자　　　설탕 분자　　　물 분자

세상 대부분의 물체는 모두 분자로 이루어져 있어요.
분자는 **종류가 무척 많고,** 서로 다른 물체를 이룬답니다.

Thermodynamics

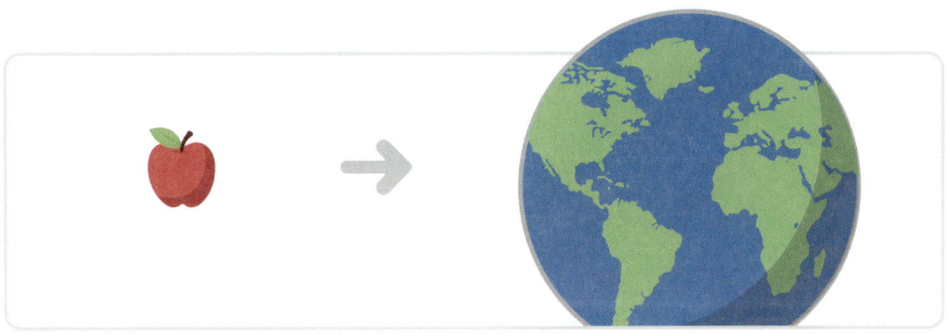

분자는 매우 작아요. 분자와 사과를 비교하자면, 마치 사과와 지구를 비교하는 것만큼이나 작아요.

분자는 그 수가 어마어마하게 많아요.

사과 하나를 이루는 분자는 지구에 있는 모든 모래를 합한 것보다 훨씬 많거든요.

만약 분자 사이가 아주 좁다면,
아마 분자끼리는 서로 싫어할 거예요.

분자 사이의 거리가 아주 멀다면,
서로 그리워하겠지요.

그래서 분자는 멀지도 가깝지도 않은 거리에 있어요.

서로 다른 물체의 분자는 그 거리도 서로 달라요.
물 분자는 거리가 가까운 편이지만, 공기 분자는 서로 멀리 떨어져 있어요.

물체가 움직이지 않더라도,
물체의 분자는 끊임없이 움직인답니다.
단지 분자가 너무나 작아서
우리 눈에 그 움직임이 보이지 않는 것이지요.

그렇지만 꽃가루 하나를 물속에 넣으면,
이 꽃가루가 물 분자와 이리저리 부딪치는 것을 볼 수 있어요.

Thermodynamics

똑같은 분자가 완전히 다른 물체를 만드는 경우도 있어요.
예를 들면, 얼음과 물은 둘 다 물 분자로 이루어져 있어요.
그렇지만 얼음 속 분자는 가지런하고, 물속의 분자는 그렇지 않아요.

PHYSICS 02

왜 똑같은 분자의 배열이 다른 걸까요? 바로, 온도가 다르기 때문이에요.
온도가 낮을 때는, 분자가 천천히 움직여요.
그래서 얼음 속 분자는 질서정연하지요.
온도가 높을 때는, 분자가 빠르게 움직여요.
그래서 물속의 분자는 자유롭게 움직여요.

Thermodynamics

만약 얼음을 뜨거운 물속에 넣으면, 얼음은 금세 녹아요.
그건 바로 뜨거운 물의 분자가 얼음 분자에 빠르게 부딪치기 때문이지요.
열의 힘은 전달이 빠르답니다.

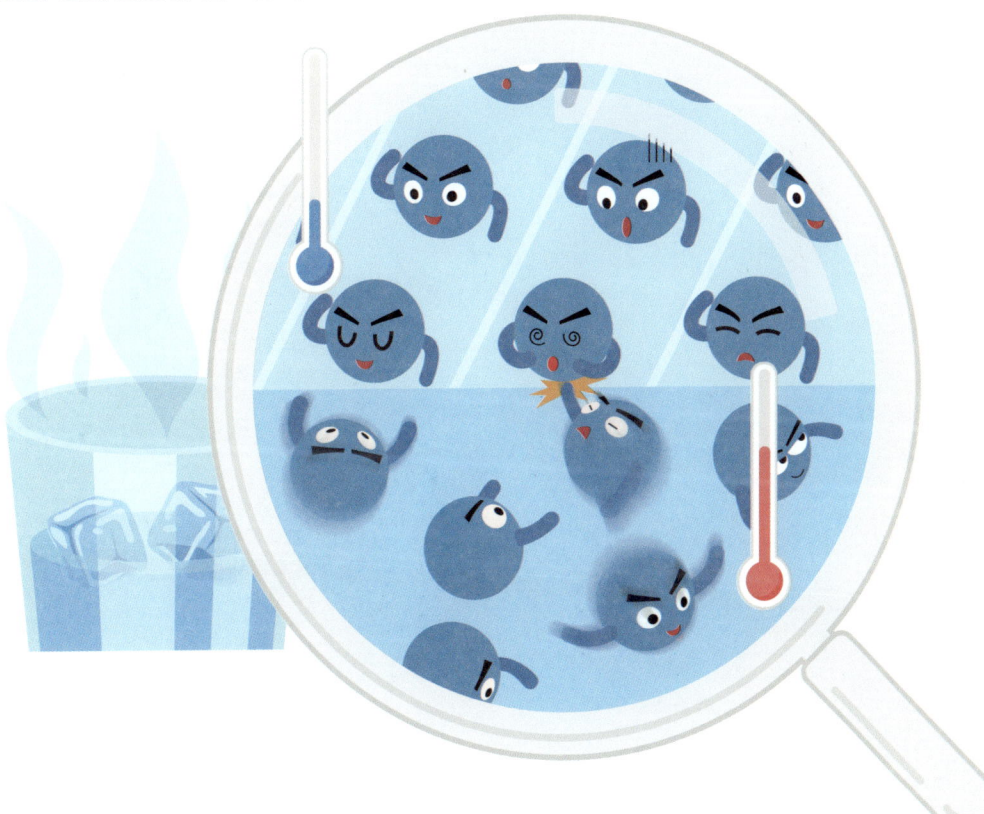

PHYSICS 02

분자는 물체 바깥으로 움직이기도 해요.
잔 속에 들어있는 물은 공기 중에서 수증기로 변하지요.
그래서 잔 속의 물이 점점 마르는데,
이를 **증발**이라고 불러요.

Thermodynamics

냄비 속 물을 끓여서 계속 보글보글 거품이 생기고 온도가 올라가면,
물 분자는 앞다투어 공기 중으로 움직여요.
이 현상을 **끓음(비등)**이라고 하죠.

PHYSICS 02

그런데 가끔 공기 중의 물 분자가 차가운 나뭇잎을 만나면
꼼짝하지 못하고 다시 물로 변해요. 우리는 그 물을 **이슬**이라고 불러요.

그리고 말이죠, 공기 중의 물 분자는 아주아주 높은 하늘로 올라가기도 해요.
그곳은 온도가 엄청 낮아서 분자가 움직일 수 없기 때문에,
얼음으로 변했다가 떨어지면서 온도가 올라가 물이 되지요.
그게 바로 **비**랍니다.

PHYSICS  02

우리는 모두 물 분자예요

제일 빠르게 움직일 때   천천히 움직일 때   움직이지 않을 때

물은 얼음이 될 수도 있고, 수증기로 변할 수도 있는데
이건 모두 물 분자가 사방으로 움직이기 때문이에요.
세상의 물체는 모두 분자로 이루어져 있어요.

축하해요, 이제 열역학 전문가가 되었군요!

📖 독자의 편지

🧒 선생님, 질문이 있어요. 세상 모든 물건은 분자로 만들어졌다고 하셨잖아요. 그런데 제가 듣기론 사람은 세포로 이루어졌다던데요.

👨‍🦳 맞아요. 동물과 식물은 모두 수없이 많은 세포로 만들어져서, 모든 세포가 각자 역할을 맡고 있지요. 세포들은 서로 결합해서 동물이나 식물이 살아가고 자라나게 해요. 만약 세포를 더 확대해서 볼 수 있다면, 우리는 세포가 아미노산과 단백질 등 각양각색의 분자로 만들어졌다는 것을 볼 수 있을 거예요. 그래서 결국 세상의 모든 존재는 다 분자로 만들어졌다고 말하는 거랍니다.

🧒 저 또 질문이 있어요. 우리는 어떻게 꽃밭에서 꽃향기를 맡을 수 있는 건가요?

 분자는 계속해서 움직인다고 했었죠. 그래서 꽃 분자도 공기 중으로 움직일 수 있는 거예요. 분자가 바람에 흩날리다가 우리 콧속으로 들어가게 되면 코가 분자를 느끼게 되지요. 사람의 코는 몹시 예민하답니다. 우리가 맛있는 음식 냄새를 맡거나 썩어버린 음식물의 악취를 맡게 되는 것도 그런 이유 때문이에요.

🧒 그런 거였군요! 하지만 저 아직도 아리송한 게 있어요. 만약 물체가 모두 분자로 이루어져 있다면, 제가 사과를 꽉 쥘 때 왜 부서지지 않나요?

👨‍🦳 그건 분자 사이에도 힘이 작용하기 때문이죠. 분자의 거리가 가까우면 서로 밀어내고, 거리가 멀면 끌어당기려 한다고 말한 것이 기억나요? 우리가 사과를 꽉 쥔다고 생각해 봅시다. 사과 분자가 서로 적당한 거리에 있으려고 하기 때문에 사과가 산산조

각 나지 않는 거예요.

그렇지만 우리가 물이나 공기를 꽉 쥘 때는 물 분자나 공기 분자가 자유롭게 움직일 수 있게 때문에 물과 공기는 손가락 사이로 빠져나가게 돼요.

저 이제 자러 가기 전에 마지막으로 궁금한 게 하나 더 있는데, 분자는 다 똑같은 건가요?

어떤 물체는 서로 다른 분자로 이루어져 있어요. 예를 들자면 공기 속에는 질소 분자와 산소 분자, 이산화탄소 분자 등이 있어요. 또 어떤 물체는 모두 똑같은 분자로만 만들어지기도 했고요. 우리가 아는 소금은 염화나트륨 분자로만 구성되어 있지요. 기억해야 할 것은, 이것이 모두 같은 분자일지라도 서로 다른 온도에서는 다른 물질이 될 수 있다는 거예요.

아하! 얼음과 물, 수증기가 모두 같은 물 분자로 만들어진 거지만 온도가 낮을 때는 얼음이고 온도가 높을 때는 수증기, 온도가 높지도 낮지도 않을 때는 물이라는 말씀이시죠?

 맞아요. 이제 어서 잠자리에 들어요.

 안녕히 주무세요!

PHYSICS 03

Optics

광학

Optics

우리 주변에서 볼 수 있는 물체 중에는 빛을 내는 것도 있고, 빛을 내지 않는 것도 있어요. 빛을 내는 물체를 우리는 **광원**이라고 부르지요. 태양, 탁상등, 모닥불, 백열전구는 모두 광원이랍니다. 책상이나 사과, 바위, 자전거는 모두 광원이 아니에요.

PHYSICS 03

탁상등이 내뿜는 빛이 우리 눈으로 들어오면 우리는 탁상등을 볼 수 있게 됩니다. **눈은 빛을 내는 물체를 볼 수 있어요.** 책은 빛을 내지 않지만, 탁상등에서 나오는 빛이 책에 부딪힌 다음에는 반사되어 우리 눈에 흡수되죠. **눈은 빛을 반사하는 물체도 볼 수 있어요.**

Optics

달은 빛을 내지 않지만, 태양이 내뿜는 빛을 반사하기 때문에 우리가 달을 볼 수 있답니다.

탁상등에서 나온 빛이 고양이를 비추면 고양이 뒤에는 길쭉한 그림자가 생겨요. **빛은 일직선으로 뻗어나가지요.** 그래서 고양이 뒤편까지는 닿을 수 없는 거예요.

손 그림자놀이를 해봤나요? 이것도 빛이 일직선으로 퍼지는 현상을 이용한 놀이랍니다.

빛이 일직선으로 뻗어나가기 때문에, 태양이 내보내는 빛은 지구의 한쪽 면만을 비추지요. 이 부분은 낮이 됩니다. 그림자가 생기는 나머지 부분은 어두운 밤이 되지요.

PHYSICS 03

가끔은, 달이 태양의 빛을 막아서 우리 눈에서 태양이 사라질 때가 있어요.
이게 바로 **일식**이랍니다.

Optics

또 가끔은 지구가 태양빛을 막아서 우리가 달을 볼 수 없게 되는데, 이때를 **월식**이라 부른답니다.

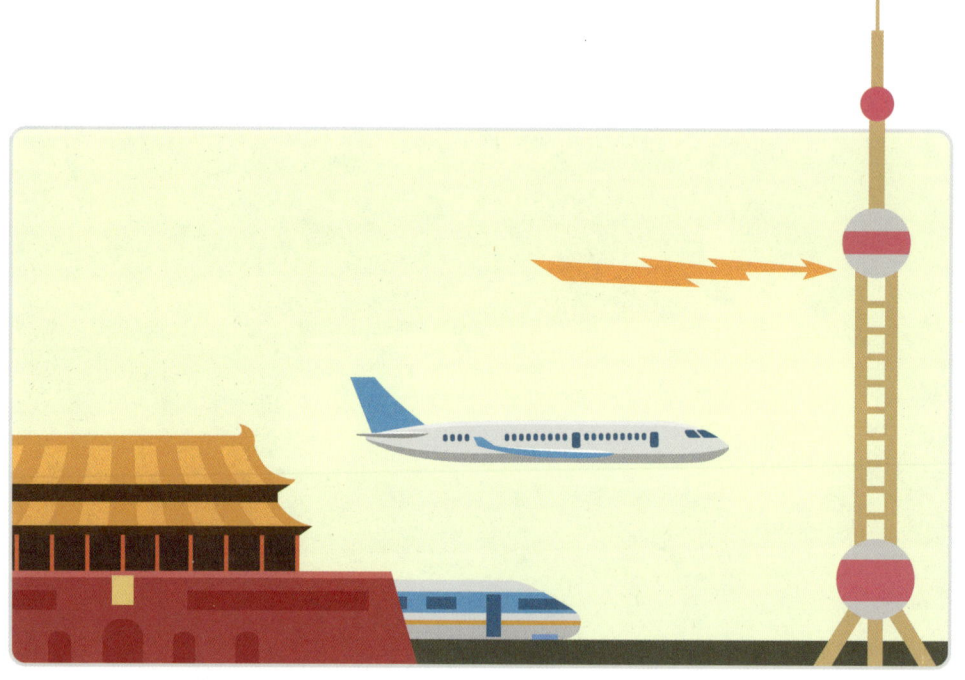

빛의 속도는 몹시 빨라요. 세상 그 어떤 것보다 빠르지요.
서울에서 부산까지 고속철도를 타면 두 시간이 걸리고
비행기를 타면 한 시간도 채 안 걸리지요.
하지만 만약 빛의 속도로 달리는 광속열차라는 것이 존재한다면,
눈 깜빡할 사이에 서울에서 부산까지 갈 수 있어요.

천둥이 칠 때, 번개와 천둥소리는 사실 동시에 생겨나요.
하지만 빛의 속도가 소리보다 더 빠르기 때문에,
우리는 번개를 먼저 보게 되고 그 후에 천둥소리를 듣게 되지요.

천둥소리

태양은 아득히 먼 곳에 있기 때문에, 태양에서 빛이 뿜어져 나오면
8분 정도가 지나야 우리 눈에 들어오게 되죠.
비록 우리가 눈을 뜨면 태양을 볼 수는 있지만, 그건 사실 8분 전의 태양인 거예요.
어떤 별은 태양보다 훨씬 더 먼 곳에 있는데, 별이 낸 빛이 우리 눈에 닿기까지
몇만 년이 걸리기도 해요. 우리가 바라보는 별은 벌써 수만 년 전의 모습이랍니다.

Optics

탁상등을 거울 앞에 두면, 거울 속에도 탁상등이 생기지요.
탁상등이 내뿜는 빛이 거울의 면에 **반사**되어 우리 눈에 흡수되기 때문이에요.
그렇지만 우리의 눈은 빛이 반사했다는 사실을 알아채지 못하기 때문에
거울 속에도 탁상등이 있는 것처럼 보이는 거예요.
이때 거울 속의 탁상등을 **상**이라고 부릅니다.

PHYSICS 03

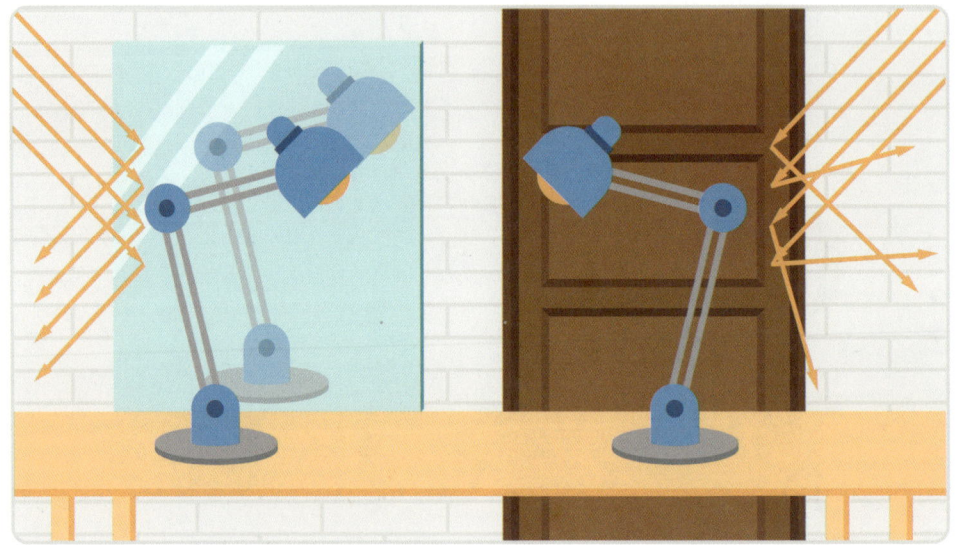

매끄럽고 반질반질한 물체는 빛을 더 잘 반사해요. 거울 같은 것이 그렇지요. 거친 물체는 빛을 **흩어지게** 만들어요. 나무 문 같은 것 말이에요. 나무 문은 그리 밝아 보이지도 않고, 탁상등을 문 앞에 두어도 '상'이 보이지 않는답니다.

Optics

 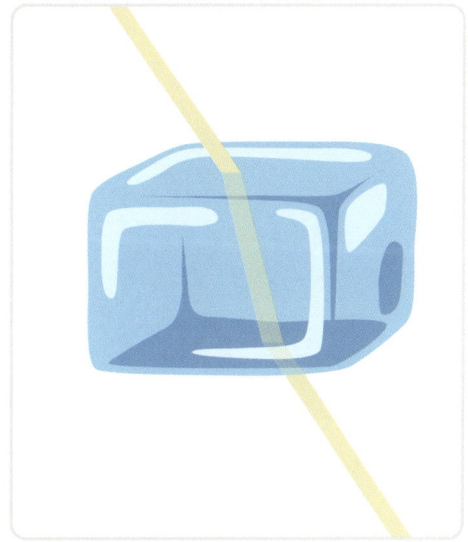

어떤 물체는 투명해요. 유리나 물처럼 말이죠.
빛은 이런 물체를 뚫고 들어갈 수 있어요.
게다가 직선으로 뻗는 빛의 방향도 변하게 하는데,
이 현상을 **굴절**이라고 해요.

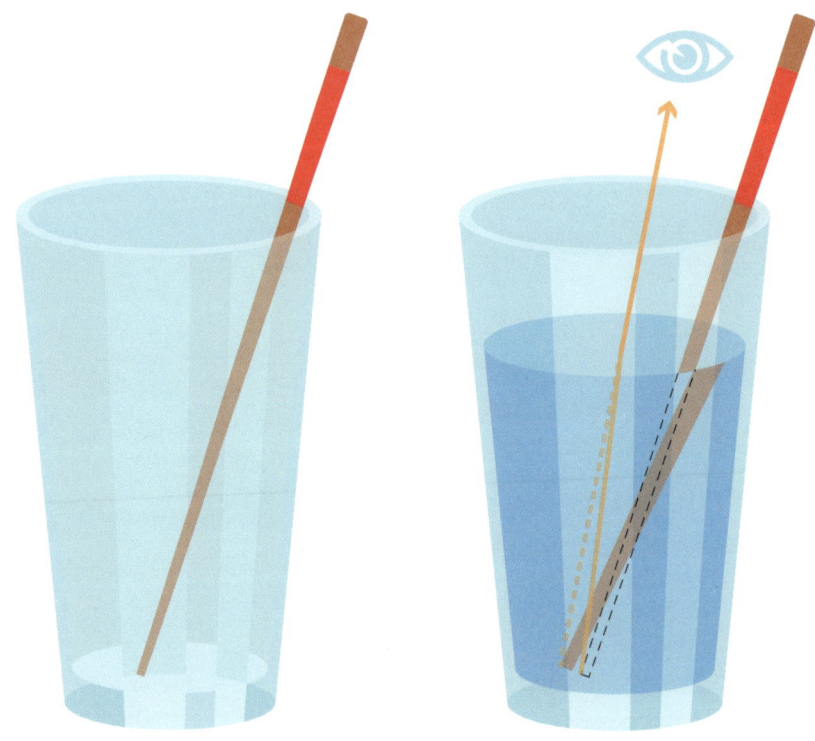

젓가락 하나를 물이 담긴 잔에 넣으면 젓가락이 꺾인 것처럼 보일 거예요.
빛이 물속에서 공기 중으로 나올 때 뻗어나가는 방향이 변하기 때문이에요.
우리 눈은 빛이 굴절했다는 사실을 알아채지 못하기 때문에,
젓가락이 꺾인 것이라 생각하게 되지요.

Optics

공기도 투명한 물질 중 하나예요.
하늘과 땅 위에 있는 공기의 양이 차이 나기 때문에 빛이 굴절하게 된답니다.
큰 바다에서는 가끔 배가 하늘을 나는 것처럼 보이고, 사막에서는 구름이 땅속에 있는 것처럼 보이는데, 우리는 이 모습을 **신기루**라고 불러요.

PHYSICS 03

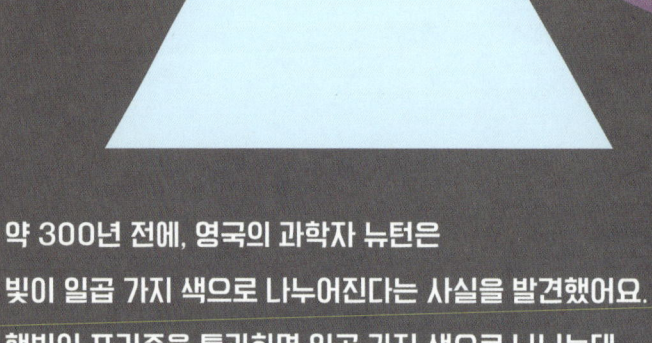

약 300년 전에, 영국의 과학자 뉴턴은
빛이 일곱 가지 색으로 나누어진다는 사실을 발견했어요.
햇빛이 프리즘을 통과하면 일곱 가지 색으로 나뉘는데,
이것을 빛의 **분광**이라고 한답니다.

일곱 가지 색깔 속에는 빨간색, 초록색, 파란색의 **삼원색**이 있고
이 색들이 서로 섞여서 다양한 색을 만들어내죠.
텔레비전 화면은 여러가지 색을 구현하는데, 사실은 빛의 삼원색이
이리저리 섞여 그렇게 보이는 거예요.

PHYSICS 03

사실 물체의 색깔은 빛에서 어떤 색을 반사하는지에 따라 달라져요.
만약 어떤 물체가 빨간색만 반사한다면 그 물건은 **빨간색**인 것이지요.
또 물체가 초록색만 반사한다면, 그 물체는 초록색인 거예요.
모든 색을 반사하는 물체는 바로 흰색이 되지요.
하지만 아무런 색도 반사하지 않는 물체는 검정색으로 보인답니다.

비가 온 다음에는 공기 중에 아주 작은 물방울이 남아있어요.
흰빛이 이 작은 물방울에 닿으면 굴절과 반사가 일어나고,
빛이 통과하면서 여러 가지 색으로 분광이 되지요.
그래서 우리가 아름다운 **무지개**를 볼 수 있는 거예요.

빛 덕분에, 우리는 세상을 선명하고 깨끗하게 볼 수 있어요.
또 우리는 빛을 이용해서 정보를 전달하기도 해요.
신호등이나 등대는 모두 빛으로 **정보를 전달**하는 것들이지요.

Optics

여러분, 이제 광학의 전문가가 다 되었군요!

독자의 편지

🙋 선생님 안녕하세요! 제가 물컵에 젓가락을 넣어봤는데, 정말 젓가락이 꺾인 것처럼 보이는 게 너무 신기했어요. 또 재미있는 실험이 있나요?

👨‍🔬 있고 말고요! 동전을 투명한 빈 그릇에 담아보세요. 그리고 나서 옆에서 봤을 때 동전이 보이지 않는 위치를 찾는 거예요. 그 다음에 그릇에 물을 부으면, 동전이 보이게 되지요. 물론 이건 동전이 떠올라서 보이는 게 아닌 거죠!

🙋 해볼게요. 오, 정말 물을 붓고 나니 그릇이 얕아진 것처럼 보이네요. 맞다, 생각난 게 있어요. 수영장에 갔을 때, 물이 허벅지까지 밖에 오지 않는 것 같은데도 들어가 보니 허리까지 잠기더라고요. 이것도 마찬가지로 빛의 굴절 때문인 거군요!
그런데 선생님! 아까 빛은 곧게 일직선으로 뻗어나간다고 하지 않으셨나요? 그럼 굴절은 대체 왜 생겨나나요?

👨‍🔬 빛은 같은 종류의 물체에 대해서만 일직선으로 뻗을 수 있답니다. 진공상태나 물, 공기 중에서는 빛이 똑바로 뻗어나가지요. 만약 빛이 다른 물체를 뚫고 들어간다면, 즉 공기에서 물로 뚫고 들어간다든지 물에서 공기로 향할 때는 뻗어나가는 방향이 바뀌게 되는데 그걸 굴절이라고 해요. 어떤 때는 공기의 온도가 다르거나 공기가 많고 적음에 따라 공기 중에서도 빛의 굴절이 생길 수 있지요. 그래서 신기루 현상이 일어난답니다.

🙋 또 궁금한 게 있는데요, 아까 세상에서 빛이 제일 빠르다고 하셨는데 그럼 도대체 얼마나 빠른 거예요?

아인슈타인은 "빛의 속도는 우주에서 가장 빨라서, 그 어떤 물체의 속도도 빛의 속도를 따라잡을 수 없다"고 말했지요. 과학자들이 관측해서 계산해 봤더니, 1초에 30만 킬로미터를 갈 만큼의 속도였어요. 그러니까 빛은 겨우 1초 만에 지구를 일곱 번 반이나 돌 만큼 빠르죠. 제아무리 손오공이라도 빛을 따라잡을 수는 없을 거예요.

우와! 진짜 대단한걸요! 선생님, 그리고 우주에는 빛을 내뿜는 별이 있다고도 하셨는데, 그 빛이 지구에 닿으려면 수만 년이 걸린다면서요? 우주는 정말 엄청나게 크네요!

그럼요. 빛이 1년 동안 움직이는 거리를 1광년이라고 불러요. 지금까지 우주는 900억 광년 만큼 크다고 알려졌는데, 빛이 우주의 한 쪽 끝에서 다른 한 쪽까지 가는 데 900억 년이라는 시간이 필요하다는 뜻이랍니다. 우주 속에 있는 지구는 겨우 먼지만 하다고 볼 수 있지요.

선생님 고맙습니다. 저 이제 정말로 마지막 질문 하나만 더 할게요. 설명하신 것 중에서 빛의 삼원색에는 빨간색과 초록색 그리고 파란색이 있다고 하셨잖아요. 그런데 미술 선생님이 삼원색은 빨간색과 파란색, 그리고 노란색이라고 하셨거든요. 대체 뭐가 맞는 건가요?

색의 삼원색이라고 하면 빨간색, 노란색, 파란색이 맞아요. 화가들이 이 세 가지 색을 가지고 이리저리 섞어서 여러가지 새로운 색을 만들 수 있거든요. 만약 빨강, 노랑, 파랑을 모두 섞어버리면 검정색이 만들어져요. 프린터에서도 이 세 가지 색을 기본으로 온갖 색을 만들어 내지요. 그렇지만 빛의 삼원색은 빨간색, 초록색, 파란색인데 이 세 가지 색의 빛을 섞으면 흰색의 빛이 된답니다. 텔레비전이나 컴퓨터의 디스플레이에서 이 세 가지 색을 항상 사용하지요.

아하 그렇군요, 제 이불도 빨간색과 노란색, 파란색이 섞여있는데! 그럼 선생님 안녕히 주무세요!

잘 자요!

PHYSICS 04

Oscillation & Wave

진동과 파동

Oscillation & Wave

돛단배가 물 위에서 흔들리는 것은 돛단배에 진동이 있다는 뜻이지요. 북을 둥둥 두드리면, 북 윗면에 진동이 생겨나요. 춤추며 파닥파닥 날아다니는 벌의 날개에도 진동이 있죠. 기타 줄을 튕길 때도 진동이 생겨요. 이처럼 물체가 왕복운동을 하는 것을 **진동**이라고 해요.

PHYSICS 04

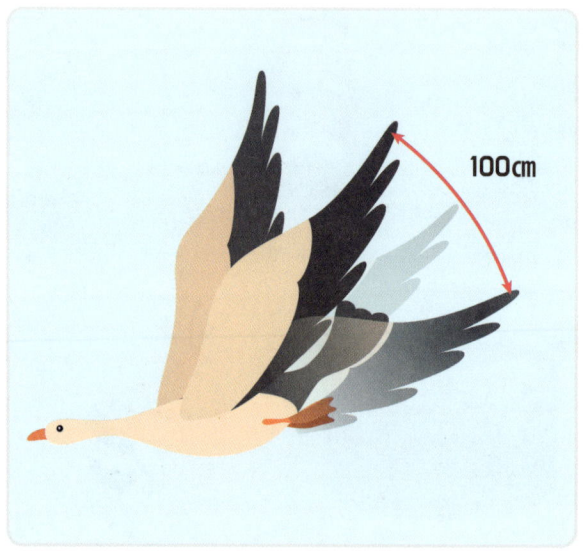

진동하는 정도를 **진폭**이라고 해요.
물체의 진폭이 클수록, 진동의 힘도 커져요.

Oscillation & Wave

1초에 한 번

1초에 300번

진동이 얼마나 빠른지는 **주파수**로 표현해요.
주파수가 높을수록, 물체의 진동이 빠르다는 의미예요.

PHYSICS 04

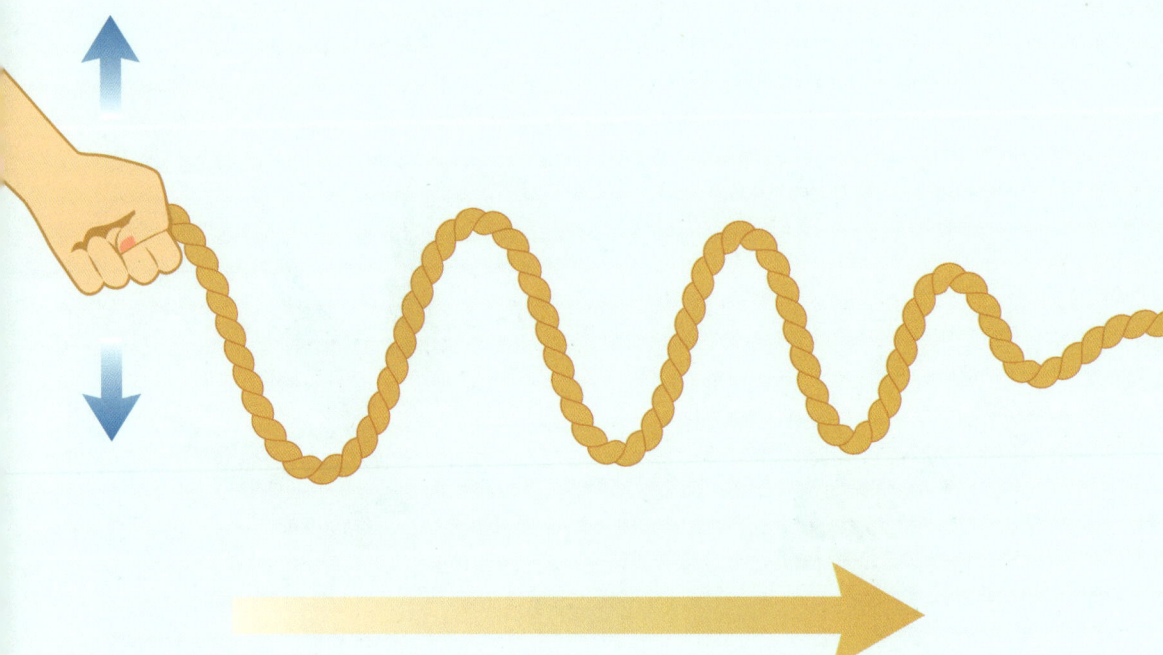

손으로 밧줄을 잡고 위아래로 흔들면, 밧줄이 뱀처럼 구불구불해져요. 이 '뱀'처럼 보이는 밧줄은 앞으로 기어가는 것처럼 보이지요. 이것을 **파동**이라고 해요. 진동이 파동을 만들어내지요.

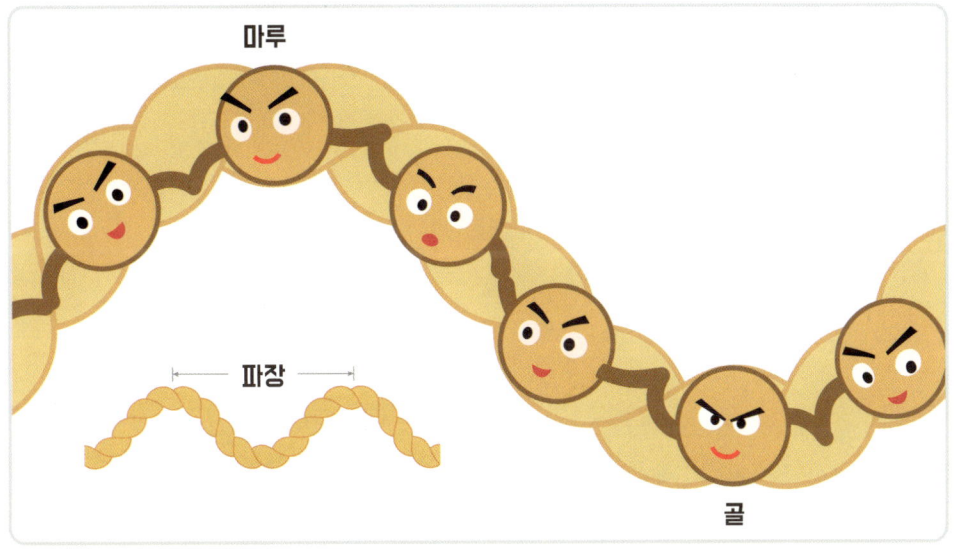

진동은 어떻게 파동을 만들어낼까요? 밧줄의 한 쪽 끝을 살짝 당겨서 진동을 일으키면, 진동은 그 옆의 끈을 당겨서 또 다른 진동을 만들어내지요. 진동은 앞쪽으로 전달된답니다. 그러다 보면 밧줄의 모든 부분에 진동이 일어나게 되는 거예요. 그중 가장 높은 부분을 **마루**라 하고, 가장 낮은 부분을 **골**이라고 해요. 그리고 마루와 마루 사이의 거리를 **파장**이라 부른답니다.

돌멩이 하나를 물속으로 던지면, 돌멩이가 물 표면에 진동을 만들어내고 그 진동이 퍼져 나가 **물결**을 만들어요. 또 땅속의 암석이 진동해서 지구가 그 진동을 땅 위로 올려보내면 **지진파**가 만들어지지요. 아주 많은 물체들이 파동을 만들 수 있고, 우리 생활 곳곳에서 파동을 찾아볼 수 있답니다.

Oscillation & Wave

연못을 자세히 들여다 본 적 있나요? 물결이 앞으로 움직일 때도 물 위에 떠 있는 나뭇잎은 앞뒤가 아니라 위아래로 흔들리는 것을 볼 수 있어요.
모든 물방울은 하나도 빠짐없이 위아래로 진동하고, 그 진동은 앞으로 전달되지요.
그게 바로 **파동**이랍니다.

PHYSICS 04

혹시 소리도 하나의 파동이라는 것을 알고 있나요? **음파**라고 하는 것 말이에요. 성대가 진동하면서 목구멍 주변에 있는 공기를 움직이게 하는 거예요. 공기가 그 진동을 전달하면서 음파가 만들어져요. 음파가 귓구멍에 전달되면 우리는 드디어 상대방의 목소리를 듣게 된답니다.

연못가에서 말을 하면 물고기가 달아나요. 음파가 공기는 물론 물에도 전달되기 때문에 물고기들은 물속에서 음파를 듣게 되거든요.

PHYSICS 04

파동이 장애물을 만나면 반사되어 돌아오기도 해요.
이 현상을 **파동의 반사**라고 불러요.
넓고 넓은 산골짜기에서 큰 소리로 '야호'를 외치면 소리가 돌아오는 것을 들을 수 있어요. 우리가 보낸 소리가 먼 곳에 있는 산에 부딪혀 음파가 돌아오는 거예요.

Oscillation & Wave

파동이 장애물을 만나면 돌아서 가기도 하는데, 이를 **파동의 회절***이라고 해요. 문밖에서 이야기하는 소리가 문안의 친구들에게 들리곤 하잖아요. 바로 음파가 문으로 돌아와 넓게 퍼지기 때문이에요. 음파의 회절은 바로 이런 것이랍니다.

***회절** 진행하던 파동이 장애물이나 좁은 틈을 만나게 되면 소멸되지 않고 돌아서 전달되는 현상. 즉 파동이 장애물이나 틈의 모서리에서 휘어져 진행하는 것이다.

남자의 저음 여자의 고음

목소리는 사람마다 다 달라요.
성대의 **진동이 느릴수록**, 음파의 **주파수가 낮아져서 낮은 목소리를 내요.**
남자들의 목소리가 낮은 건 이 때문이에요.
성대의 **진동이 빠를수록**, 음파의 **주파수가 높아져서 높은 목소리를 내요.**
여자들의 목소리가 높은 건 이 때문이에요.

Oscillation & Wave

악기는 여러가지 음파를 만들 수 있어요. 예를 들면, 기타의 가느다란 줄은 진동이 빠르기 때문에 높은 주파수를 만들어서 높은 음을 내지요. 굵은 줄은 진동이 느리기 때문에 주파수가 낮고, 낮은 음을 낸답니다.

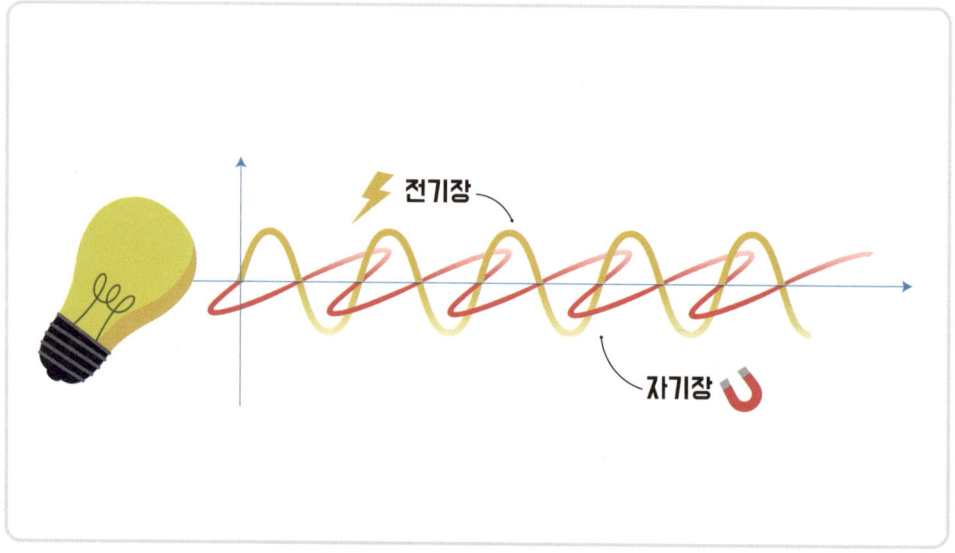

빛도 파동 중 하나라는 사실을 아나요?
다만, 빛의 파동은 밧줄이나 공기, 물처럼 진동이 아니라,
전기장과 자기장이 만들어내는 전자기파예요.
전기를 사용하는 물체에서는 **전기장**이 나오고, 자석에서는 **자기장**이 나오죠.
전기장과 자기장은 볼 수도 없고 만질 수도 없지만 분명히 존재한답니다.

Oscillation & Wave

태양이 만들어내는 빛을 볼 수는 있지만,
태양이 내는 소리를 듣지는 못해요.
왜냐하면 우주에는 공기가 없기 때문이지요.
음파는 진공상태에서는 전달될 수 없어요.
그렇지만 **빛은 진공상태에서도 전달될 수 있어요.**

PHYSICS 04

빛 파동에는 여러가지 색이 있는데, 색깔마다 파장이 다 제각각이에요.
파장이 제일 긴 색부터 제일 짧은 색까지 순서대로 나열해본다면,
빨강, 주황, 노랑, 초록, 파랑, 남색, 보라색이지요.
일곱 가지 색깔의 빛이 하나로 섞이면 바로 흰색의 빛이 된답니다.

Oscillation & Wave

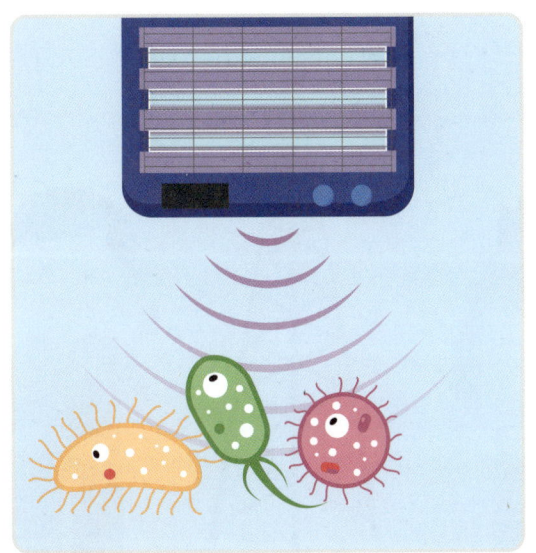

보라색 빛 파장보다 더 짧은 전자파를 **자외선**이라고 하는데,
자외선은 눈에 보이지 않아요. 그렇지만 자외선은 세균을 죽일 수 있어요.
자외선의 파장보다 더 짧은 전자파를 **X선** 또는 **엑스레이**라고 하는데,
X선은 의사선생님이 우리 몸속을 볼 수 있게 해주지요.

빨간색 빛 파장보다 더 긴 전자파를 **적외선**이라고 하는데, 적외선은 눈에 보이지 않아요. 그렇지만 우리가 리모컨으로 TV를 켜고 끌 때 적외선이 사용되지요. 적외선의 파장보다 더 긴 전자파를 **전파**라고 하는데, 휴대전화나 TV, 방송은 모두 전파로 작동한답니다.

목소리를 듣게 되는 건 소리의 파동 때문이고, 물건을 볼 수 있는 건 빛의 파동 때문이고, 스마트폰이나 TV를 사용할 수 있는 건 전파 때문이에요.
우리 주변 여기저기에는 모두 파동이 있지요. 만약 파동이 없다면, 이 세상은 적막한 암흑세계가 될 거예요.

여러분, 이제 진동과 파동의 전문가가 되었군요!

독자의 편지

선생님 안녕하세요! 선생님이 소리는 진동을 만들어내니까 일종의 파동이라고 하셨잖아요. 그런데 저희 집 TV나 라디오에 진동이 있는 걸 본 적이 없는걸요?

TV나 라디오 진동의 폭은 생각보다 작아서 눈으로 보기 쉽지 않거든요. 그렇지만 만약 우리 친구가 손으로 라디오 스피커를 만져보거나, 말을 하면서 손으로 목을 만져보면 진동을 느낄 수 있어요. 소리를 내고 있는 물체를 음원이라고 하는데, 모든 음원에는 진동이 있어요.

아하, 정말이네요! 진짜 신기해요! 그런데요 선생님, 이 모든 게 다 목의 진동 때문이라면 왜 아이들의 목소리는 그렇게 맑고 낭랑한데 어른들의 목소리는 낮고 가라앉은 거지요?

재미있는 실험을 한 가지 알려 줄게요. 컵 세 개를 준비해서 각각 다른 양의 물을 채워 보세요. 그 다음 젓가락으로 그 컵을 두드리면 어떤 소리가 들릴까요?

컵마다 소리의 높낮이가 다 다르겠네요! 아, 이제 알겠어요. 물의 양이 다 달라서 진동의 빠르기도 다 른 거지요? 물이 적게 든 컵의 진동이 빨라서 높은 소리가 나는 건 아이들의 목소리가 높고 낭랑한 것과 같겠네요. 그리고 물이 많이 든 컵은 진동이 느려서 낮은 소리가 날 텐데, 이건 어른들의 목에서 낮은 소리가 나는 것과 마찬가지구요!

맞아요, 똑똑한걸요!

선생님, 또 궁금한 게 있어요. 박쥐는 초음파로 위치를 알아낸다던데, 초음파가 뭐예요?

사람의 귀는 모든 소리를 듣지는 못해요. 만약 음원의 진동이 아주 빨라서 주파수가 몹시 높다면 우리 귀엔 들리지 않아요. 이러한 음파를 초음파라고 해요. 비록 사람의 귀로 들을 수는 없지만, 박쥐나 돌고래같은 동물은 초음파를 듣는답니다. 그리고 그런 동물들은 목으로 초음파를 만들어내서, 그 초음파가 다른 물체를 만나 반사되게 만들지요. 돌아오는 초음파로 물체가 어디에 있는지 알아차리는 거예요. 그래서 깊은 산속에 깜깜한 밤이 찾아와도 박쥐는 자유롭게 날아다닐 수 있지요.

우와! 동물들이 그렇게 똑똑한지 몰랐어요! 저는 소리로 물체가 어디에 있는지 알 수 없잖아요.

어떤 동물은 반사되는 소리로 위치를 알아채지만, 그보다 훨씬 많은 동물들은 눈으로 세상을 본답니다. 눈은 이 세상의 빛을 볼 수 있잖아요.

아하! 빛도 일종의 파동이라고 하셨죠, 전자기파! 빛은 진공상태일 때도 전달되니까 태양이 내보내는 빛이 지구에도 전달될 수 있는 거고, 우리에게 밝은 세상을 선물해 주는 거네요!

고맙습니다 선생님! 지금 저희 집은 무척 조용해서 음파도 없어요. 이제 제가 불을 끄면 빛 파동도 없어지겠지요. 이제 전 자러 갈게요!

사실 어마어마한 전자기파가 아직도 우리 친구 주변에 있어요. 휴대전화나 텔레비전 신호를 언제든지 주고받기 위해서지요. 그저 우리 눈에 보이지 않고 들리지 않을 뿐인 걸요. 심지어 우리가 잠든 시간에도 뇌 속 파동은 멈추지 않는답니다. 뇌파가 움직이는 거죠. 파동은 우리 주변에 없는 곳이 없답니다. 그럼 잘 자요!

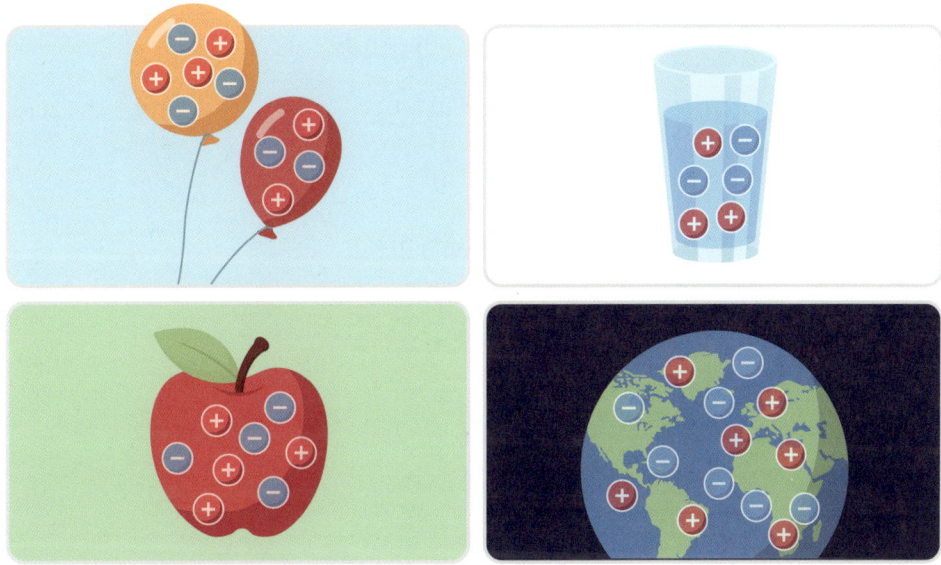

모든 물체에는 두 종류의 전하*가 있어요.

하나는 **양전하**라고 하고, 다른 하나는 **음전하**라고 해요.

양전하와 음전하의 양이 똑같을 때는 물체가 전하를 띠지 않아요.

***전하** 전기 현상을 일으키는 물질의 물리적 성질.

PHYSICS 05

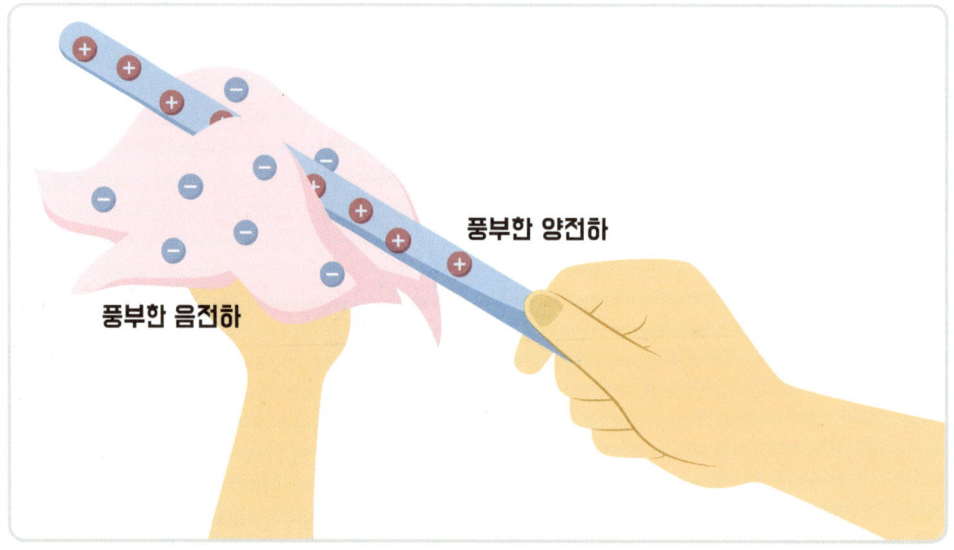

풍부한 양전하

풍부한 음전하

두 물체를 서로 문지르면 전하들이 **이동**을 하지요.
양전하와 음전하의 개수가 달라지면 한 물체는 양극이 되고,
다른 물체는 음극이 됩니다.

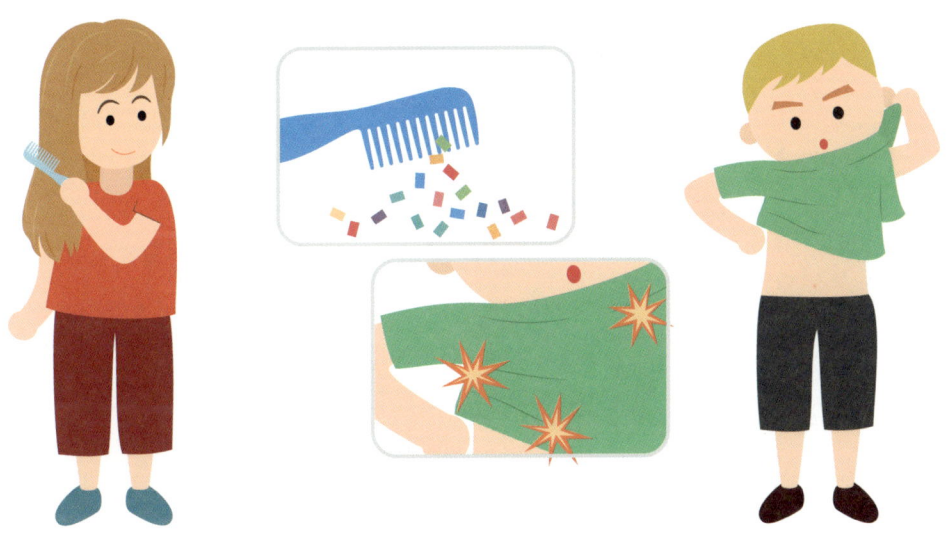

빗을 머리카락에 문질러서 마찰을 일으킨 다음 종이조각에 가까이 가져가면 빗에 종이조각이 딸려옵니다. 빗이 전기를 띠게 되었기 때문이에요.
또 겨울에 털옷을 벗을 때, 털옷에서 탁탁탁하는 소리가 나곤 해요.
어떤 때는 불빛이 보이기도 하는데, 바로 털옷이 전기를 띠기 때문이에요.

PHYSICS 05

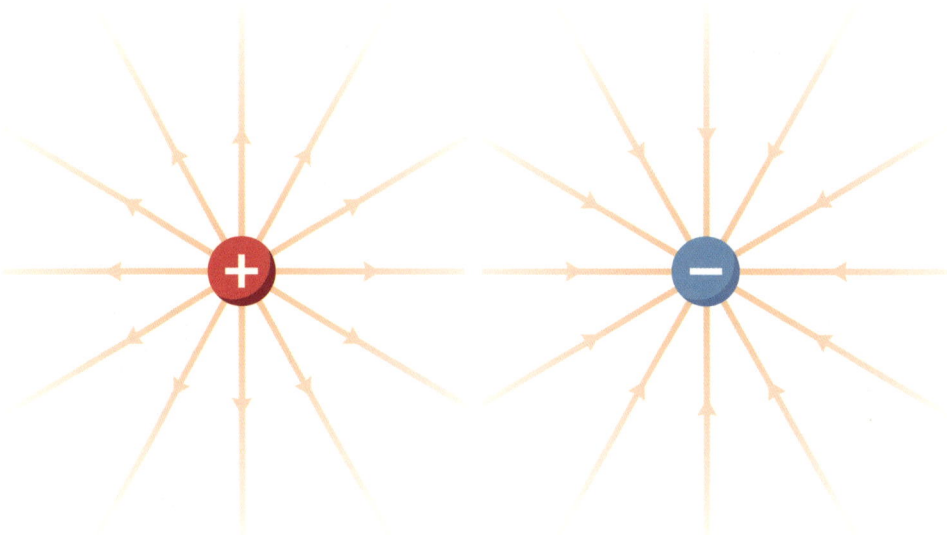

전하는 **전기장**을 일으켜요. 전기장은 볼 수도, 만질 수도 없지만 공기처럼 분명히 우리 곁에 있어요.
그리고 양전하와 음전하가 만들어내는 전기장은 방향이 서로 다르답니다.

Electromagnetics

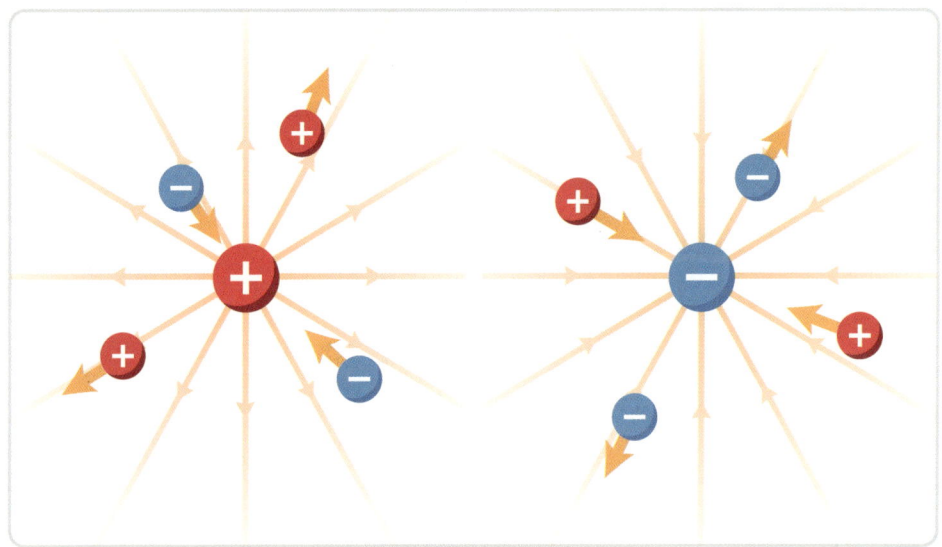

같은 전하끼리는 서로 밀어내고, 다른 전하끼리는 끌어당겨요.
즉, **같은 성질끼리는 밀어내고 다른 성질끼리는 끌어당기지요.**

PHYSICS 05

건전지의 한 쪽 끝에는 아주 많은 양전하가 있는데, 이 부분을 **양극**이라고 해요. 반대쪽 끝에는 아주 많은 음전하가 있는데 이 부분을 **음극**이라 불러요.

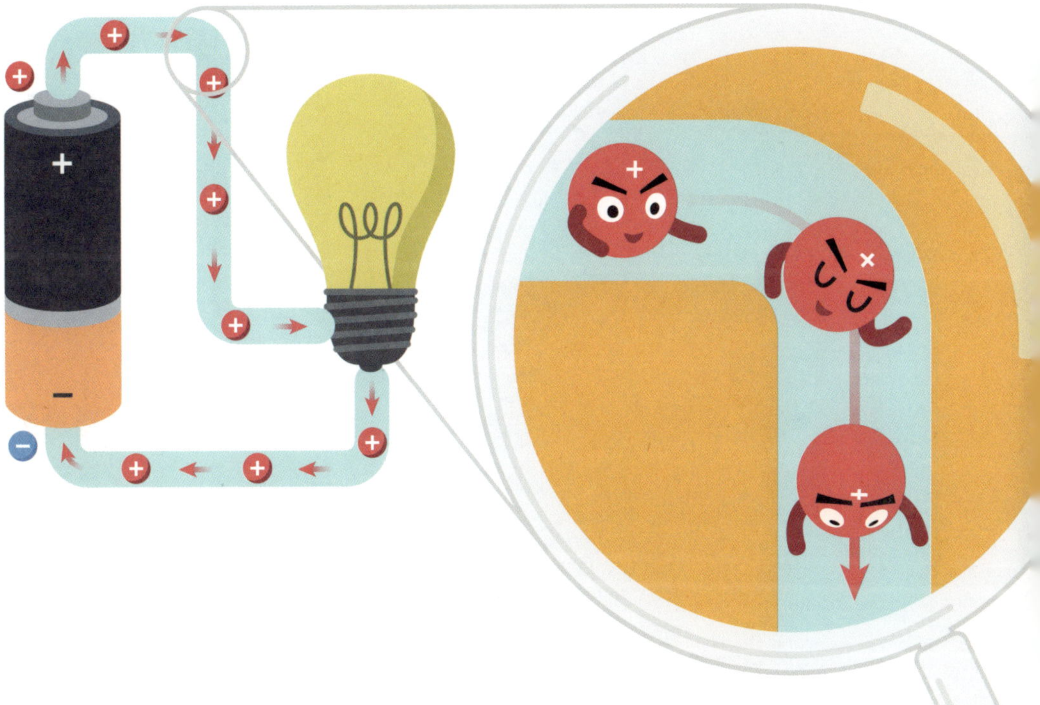

Electromagnetics

만약 건전지의 양극과 음극 사이에 전기가 흐를 수 있는 통로를 연결한다면, 양전하와 음전하는 그 통로를 따라 달리게 되지요. 이 현상을 **전류**라고 해요.

전류는 아주 많은 역할을 해요. 전구에 전류가 흐르면 환하게 불이 들어오고요, 또 선풍기에 전류가 흐르면 선풍기 날개가 빙글빙글 돌아가지요.
전류가 아주 무서울 때도 있어요. 번개는 먹구름과 땅 사이에 전류가 흐를 때 생겨나는데, 몹시 위험하답니다.

Electromagnetics

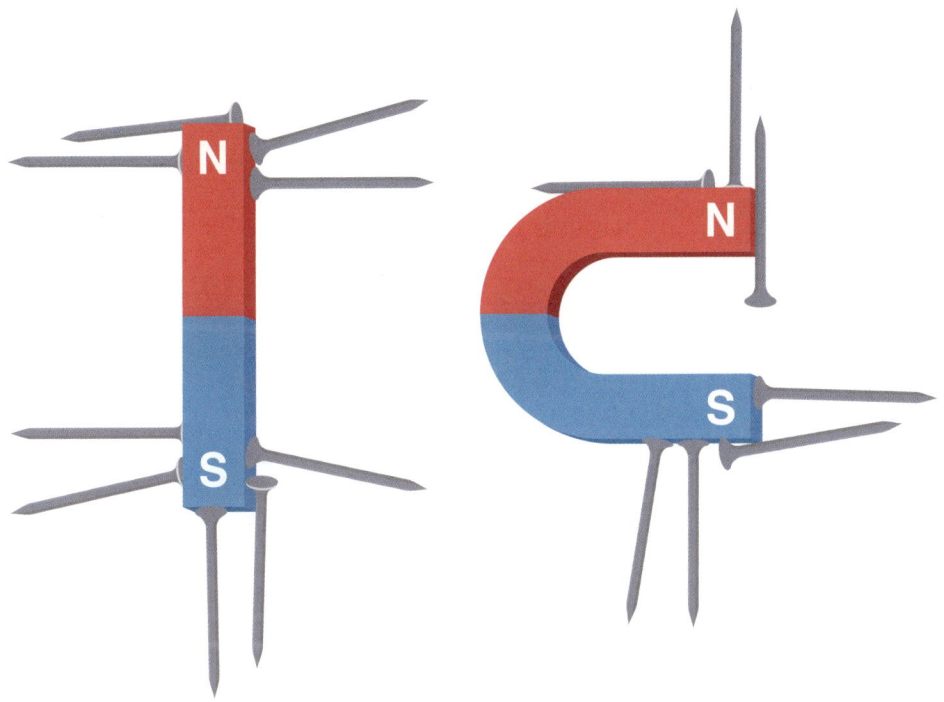

자석은 쇠못을 끌어당길 수 있어요.

자석에는 두 극이 있는데 하나는 **N극**, 다른 하나는 **S극**이지요.

자석의 양 쪽 끝은 끌어당기는 힘이 가장 강한 부분이에요.

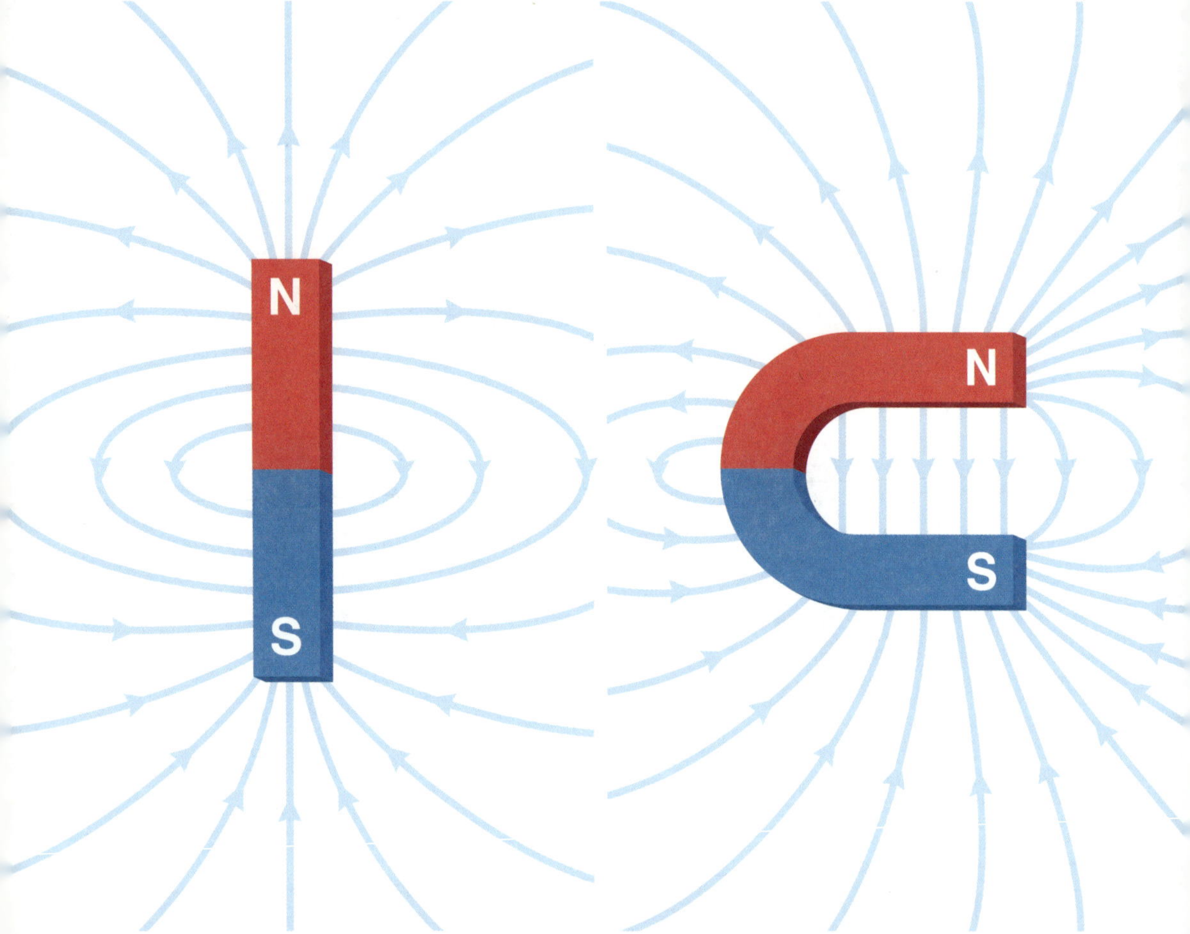

PHYSICS 05

자석은 **자기장**을 만들어내요. 자기장은 보이지도 않고 만질 수도 없지만 마치 공기처럼 늘 우리 곁에 존재해요.

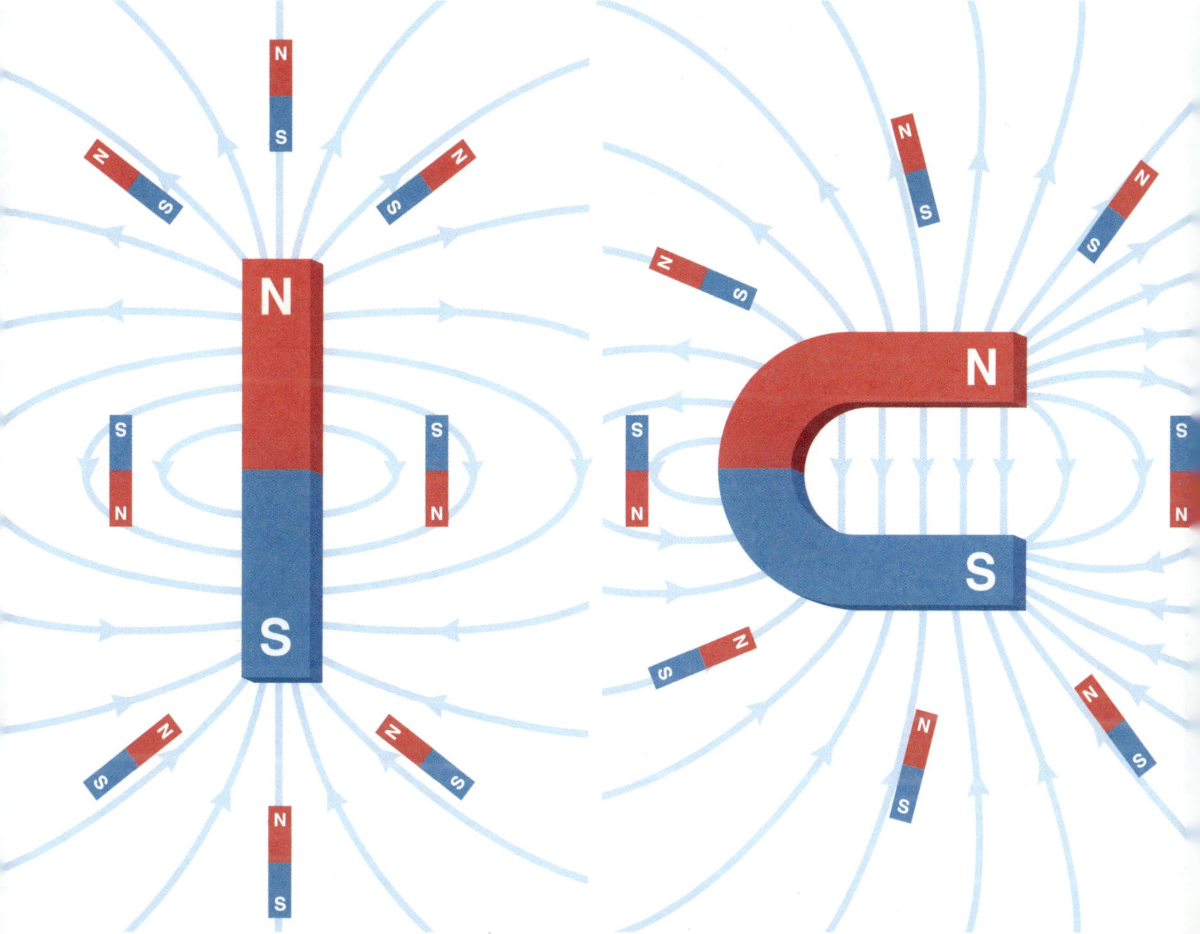

똑같은 자극은 서로 밀어내고, 서로 다른 자극은 끌어당기는 힘이 있어요.
즉, **같은 극끼리는 밀어내고, 다른 극끼리는 끌어당겨요.**

지구도 하나의 거대한 자석이에요. 남쪽은 N극, 북쪽은 S극이지요.
만약 지구 위에 회전할 수 있는 자석을 하나 올려둔다면,
자석의 N극은 북쪽을 가리키고 S극은 남쪽을 가리키게 된답니다.
이 회전하는 자석을 우리는 **나침반**이라고 불러요.

자기장은 전하가 움직이는 방향을 바꾸게 하기도 해요.
태양과 우주 사이에 있는 다른 항성들은 지구를 향해 엄청난 전기를 띠고있는 방사선을 내뿜지요.
하지만 지구에는 자기장이 있기 때문에, 전기를 띠고있는 방사선의 방향을 바꾸어 지구에 있는 생물들을 안전하게 지켜낼 수 있답니다.

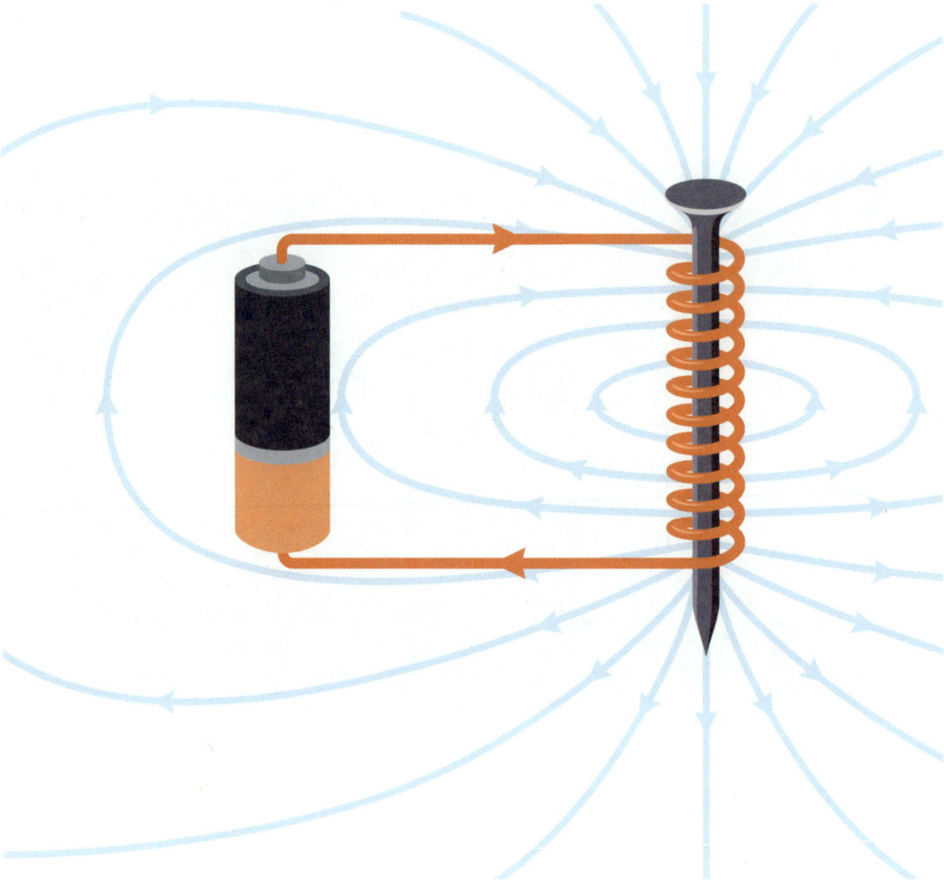

전류는 자기장을 만들어낼 수 있어요. 돌돌 말아 둔 전선에 전류를 흘려 보내면 전선은 자기장을 만들어내요. **전자석***은 바로 이런 원리를 이용해서 만든 거예요.

***전자석** 전류가 흐르면 자기화되고, 전류를 끊으면 원래의 상태로 돌아가는 일시적 자석. 연철봉에 코일을 감아 만든다.

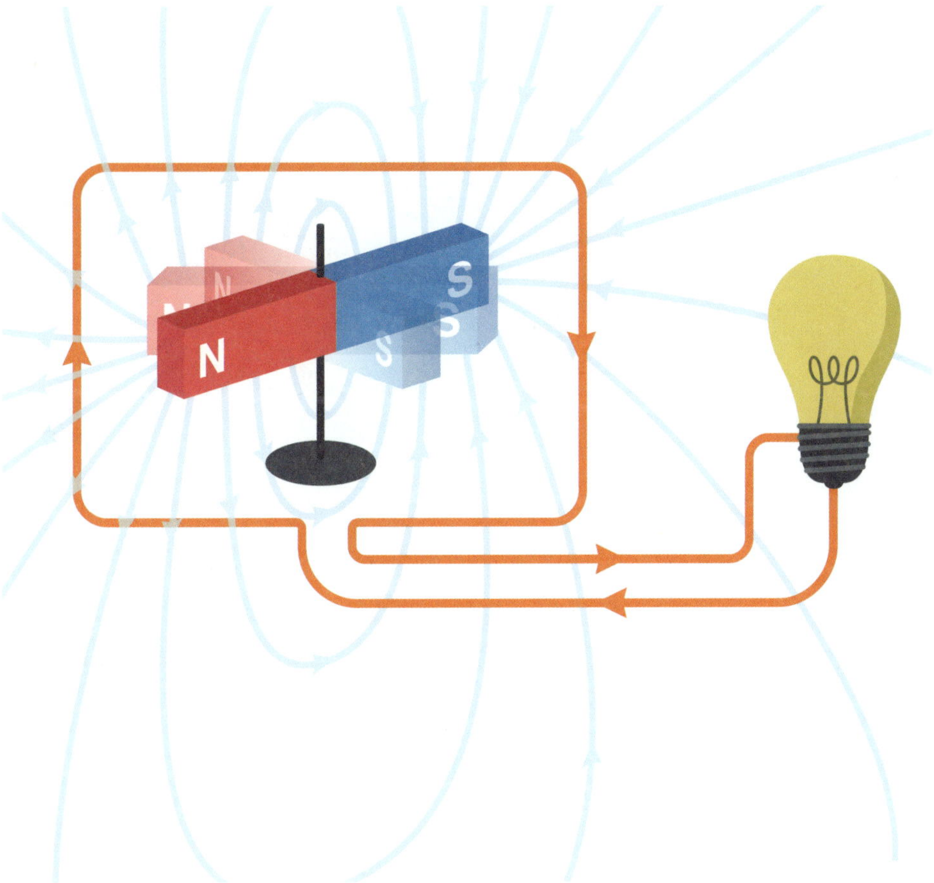

자기장도 전류를 만들어낼 수 있어요. 전기가 흐르는 코일 안쪽에서 자석을 회전시키면, 코일 안에서 전류가 만들어져요.

PHYSICS 05

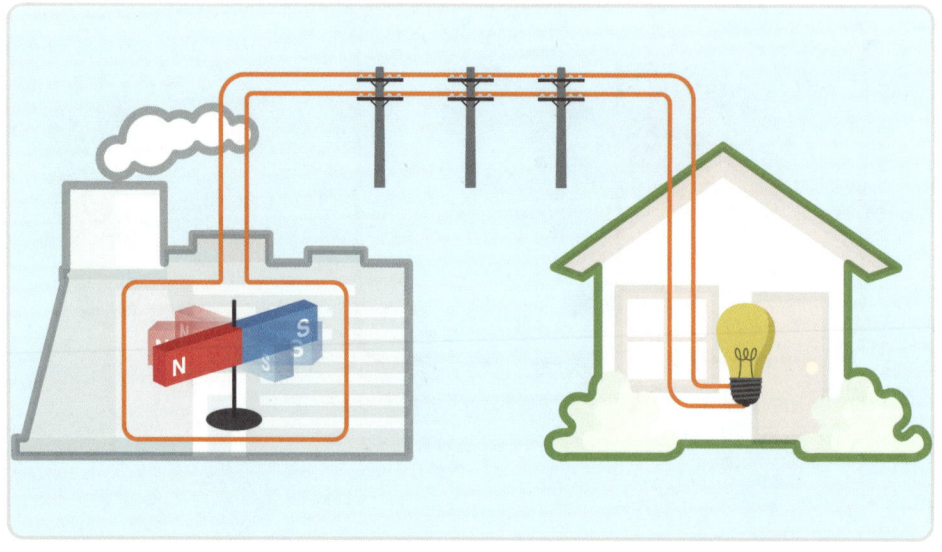

발전소는 이러한 방법으로 전기를 만들어내는 곳이지요. 어마어마하게 큰 자석을 코일 안에서 회전시켜 전류를 만들어내요. 이렇게 만들어진 전기는 전선을 통해 이 집 저집으로 간답니다.

Electromagnetics

전류가 자기장을 만들어낸다면서, 어떻게 자기장도 전류를 만들 수가 있는 걸까요? 맥스웰이라는 위대한 물리학자가 그 답을 찾아냈어요. 맥스웰은 방정식을 이용해 전기와 자기장이 함께 만들어진다는 것을 밝혔는데, 이를 **맥스웰의 방정식**이라고 해요. 모두 네 개의 방정식으로 되어있어요.

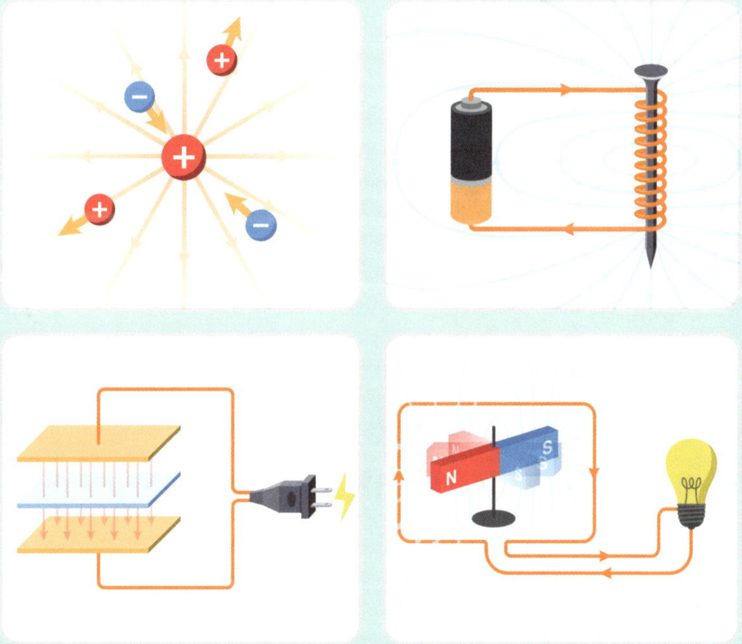

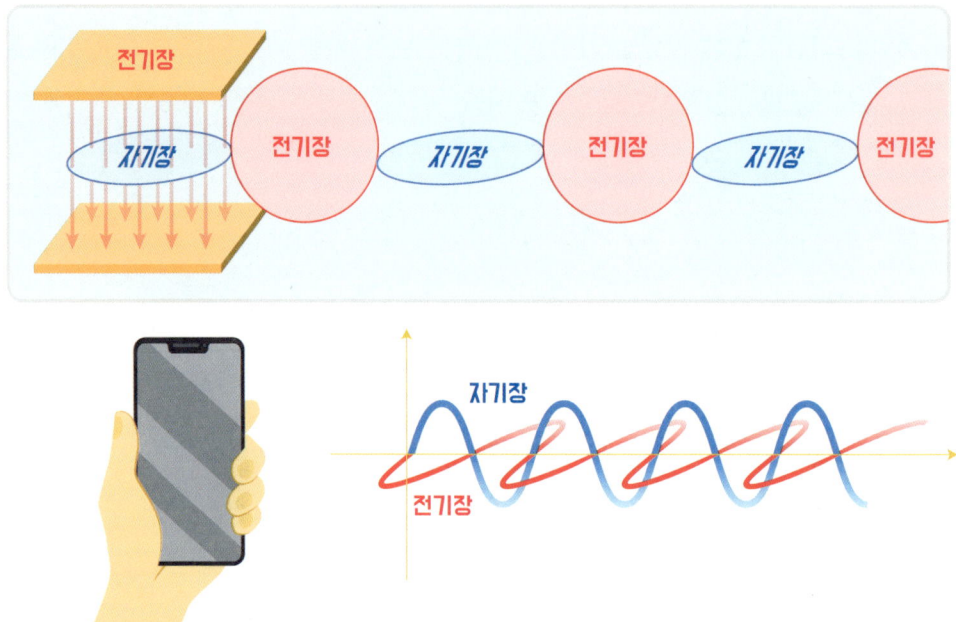

또 맥스웰은, 만약 전기장이 자기장을 만들어낼 수 있다면, 자기장도 전기장을 만들어낼 수 있을거라 생각했죠. 전자기장은 마치 파도처럼 먼 곳까지 퍼져 나가는데, 이를 **전자기파**라고 했어요.

사람들은 맥스웰의 방정식을 토대로 **안테나**를 만들었어요. 안테나는 전자기파를 공중으로 쏘아 올릴 수 있었지요. 하늘에 떠 있는 인공위성에 그 전자기파가 닿으면, 인공위성은 또 다른 곳으로 전자기파를 보내주지요. 그 덕분에 우리는 텔레비전을 보고, 라디오를 듣고, 전화를 받을 수 있답니다.

PHYSICS 05

여러분, 이제 전자기학 전문가가 다 되었네요!

🍌 독자의 편지

👧 선생님 안녕하세요! 저희 엄마가 그러시는데, 벽에 있는 콘센트에 손을 대면 감전되어 죽을 수도 있대요. 그런데 제가 장난감 차 건전지를 손으로 만질 때는 전기가 통한 적이 없거든요. 왜 그런 거예요?

👨‍🦳 만약 아주 낮은 담장에서 폴짝 뛰어내린다면 크게 다치지 않겠지요? 그런데 아주 높은 담벼락에서 뛰어내리면 몹시 큰 사고로 이어질 수 있어요. 모든 물건은 제각기 다른 전압을 가지고 있어요. 마치 담장의 높낮이가 저마다 다른 것처럼요. 건전지는 전압이 1.5볼트예요. 이 정도는 아주 작은 전압이라고 볼 수 있지요. 그래서 우리가 손으로 만져도 아무런 느낌이 들지 않는 거예요. 그렇지만 벽에 있는 콘센트 전압은 220볼트예요. 무척 높지요? 콘센트를 손으로 만진다는 건 아주 높은 담장에서 뛰어내리는 것과 똑같아요. 목숨을 잃을 만큼 위험한 일이지요. 그러니 우리 친구들도 절대 콘센트에 손을 대서는 안돼요.

👧 네, 명심할게요. 그리고 또 엄마가 축축하게 젖은 손으로는 전자제품을 만지면 안된다고 하셨는데, 그건 또 왜죠?

어떤 물체는 전기가 쉽게 통해요. 여러가지 금속이라든지 연필심, 물처럼 전기가 쉽게 통하는 물체를 '도체'라고 하지요. 반대로 비닐이나 플라스틱, 고무, 도자기처럼 전기가 통하기 어려운 물체는 '절연체'라고 해요. 그래서 우리는 구리 같은 도체로 선을 만들어서 전류가 구리 선으로 흐르게 하지요. 그 다음은 플라스틱이나 고무같은 절연체로 선의 겉면을 싸요. 그렇게 되면 전기가 밖으로 새어나가지 않거든요. 이렇게 만든 것을 전선이라고 하지요.
물도 도체라서 만약 물이 전자기기에 묻으면 전기가 밖으로 새어 나와 누전이 되거나 사람이 다칠 수도 있어요. 그래서 절대로 전자기기에 물이 닿으면 안 되고, 젖은 손으로 만져서도 안되는 거예요.

아하, 꼭 기억해 둘게요! 저 또 질문이 있어요. 자석은 왜 자성이 있는 거죠?

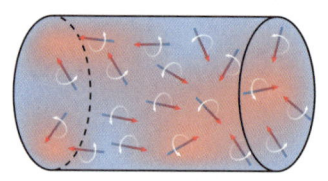

간혹 번개를 맞아 쪼개진 철광석에서도 자성이 발견되기 때문에, 과학자들은 자성이 전류와 관계가 있을 거라고 생각해요.
아까 설명한 것 중에서 쇠못에 전선을 둘둘 감으면 전선에 전기가 통하고 쇠못에도 자성이 생긴다고 한 내용을 기억하나요? 과학자 앙페르는 이렇게 추측했어요. 자석 안에는 아주 작고 무수히 많은 전류가 돌고 있는데 이를 전류 원자라고 했어요. 각각의 전류 원자는 하나의 작은 자석인데, 전류가 도는 방향이 제멋대로일 때는 이 작은 자석들이 자성을 갖고 있지 않다가, 전류가 흐르는 방향이 거의 비슷해지면 작은 자석들이 자성을 띠게 되는 거지요. 그래서 자성은 전류가 만들어낸다고 보는 거예요.

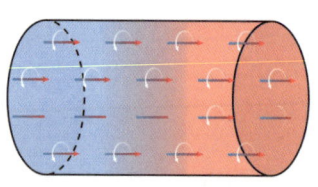

 전류가 자성을 만들어낸다고요? 그렇다면 지구의 자기장도 전류가 만들어낸 건가요?

맞아요! 과학자들은 지구의 자기장은 지구 내부에 전류가 흐르기 때문이라고 생각하지요. 전류는 대기가 흐르면서 만들어질 수도 있고, 어쩌면 지구 깊숙한 곳에서 마그마가 흐르면서 생겨났을 지도 모르지만 분명히 전류 때문에 자기장이 생겨났다고 해요. 그리고 그렇게 만들어진 자기장은 우리 주위는 물론 온 지구에 가득하지요.

 선생님 고맙습니다. 저는 이만 지구의 자기장 속에서 쿨쿨 자러 갈게요!

Fluid mechanics

이 세상에 있는 물체 중에는 모양이 변하지 않는 것들이 있어요. 바위나 얼음, 다이아몬드 같은 것들이죠. 이 물체들을 **고체**라고 해요.

그런데 어떤 물체들은 유동적이어서 모양이 변하기도 해요. 공기나 물, 케첩처럼 말이죠. 이런 물체는 유체라고 해요. 액체와 기체는 모두 **유체**예요.

PHYSICS 06

유체는 작은 분자가 하나하나 모여 이루어진 거예요. 이 분자들이 왔다 갔다 움직일 수 있기 때문에 유체도 이리저리 움직이지요. 이 분자들은 서로 부딪혀 눌리기도 해요. 그래서 유체의 내부에는 **압력**이 있어요. 압력이 사방팔방에서 오거든요.

Fluid mechanics

물속으로 들어가 볼까요? 깊이 들어갈수록 압력이 훨씬 커져요. 잠수부가 더 깊은 물속으로 들어가려면 꼭 잠수복을 입어야 해요. 그렇지 않으면 물의 압력 때문에 몸이 눌리게 되거든요.

파스칼이라는 과학자는 이런 실험을 했어요.
물을 가득 채운 나무통을 꽉 닫은 다음, 나무통 뚜껑에 아주 긴 파이프를 연결했어요.
그 파이프 입구에 물을 한 잔 부어 넣었더니 나무통이 수압 때문에 터졌어요.
이미 가득 찬 나무통에 또 물이 들어가니, 물의 아랫부분은 압력이 더 커진 거예요.
그리고 그 바람에, 나무통은 더 이상 커지는 압력을 버텨낼 수 없었던 거지요.

Fluid mechanics

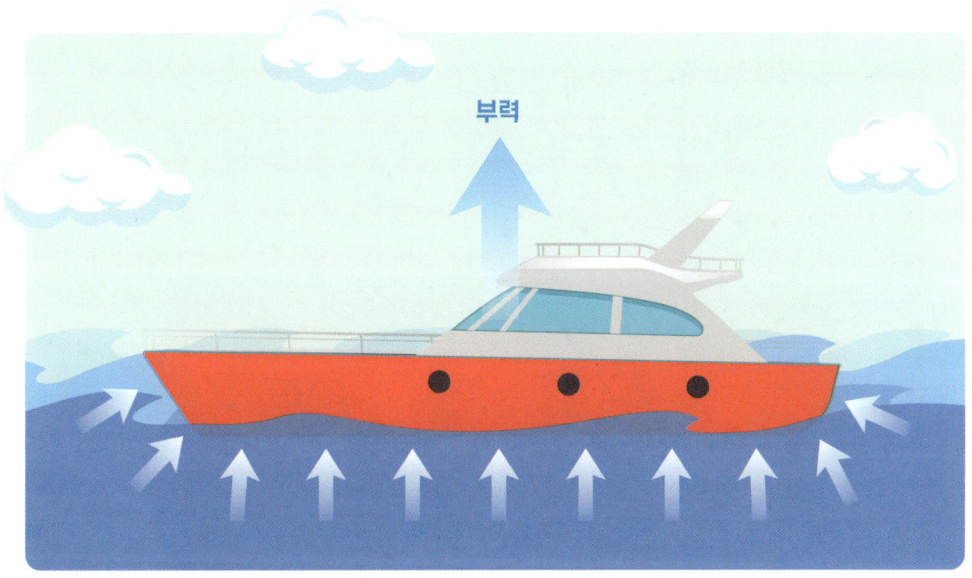

물에 떠 있는 배를 볼까요.
물이 배에 압력을 준답니다. 물이 밀어 올리는 힘을 **부력**이라고 해요.
우리가 수영할 때 물속으로 가라앉지 않고 앞으로 헤엄쳐 갈 수 있는 것도 부력 때문이에요.

물속에 잠기는 부분이 많을수록 부력도 커져요.
거대한 빙산이 물 위에 떠 있을 수 있는 것도,
빙산 아래쪽의 아주 많은 부분이 물속에 잠겨있기 때문이지요.
이 법칙은 먼 옛날 그리스의 물리학자 아르키메데스가 목욕하던 도중에 발견했어요.
우리는 이 현상을 **아르키메데스의 원리**라고 부르지요.

컵에 물을 꽉 채워 따르면, 꽉 차오른 물 표면이 볼록하게 솟아올라요.
그렇지만 흘러내리지는 않지요.
물 표면의 분자가 서로 서로 끌어당기고 있기 때문에,
수축하는 힘을 만들어내거든요. 이 현상을 **표면장력**이라고 해요.
표면장력은 물방울이 최대한 오그라들어 동그란 모양이 되게 해요.
물 표면에 튕겨 나오는 물방울처럼요.

PHYSICS 06

물방울은 유리 표면에 맺히기도 해요. 물 분자와 유리 분자 사이에는 서로 당기는 힘이 있거든요. 물은 유리와 함께 있고 싶어하는데, 이 현상을 **부착력***이라고 해요. 수건이나 화장지에 물이 흡수되는 것도 다 부착력 때문이지요.

***부착력** 액체와 고체가 접촉할 때 액체가 고체의 표면에 부착되는 현상. 스며듦 또는 배어듦이라고 한다.

Fluid mechanics

연잎에 맺힌 이슬 방울은 타원형이에요.
물과 연잎 분자는 서로 밀어내기 때문에 물이 연잎에 스며들지 못하거든요.
컵을 만들 때 안쪽에 밀랍을 한 겹 바르기도 해요. 물은 <u>밀랍</u>*에 스며들지 않기 때문에 물을 마실 때 컵 안에 물기가 남지 않게 하려는 거죠.

***밀랍** 벌집을 만들기 위해 꿀벌이 분비하는 물질. 양초나 방수제 등의 재료로 사용된다.

지구 표면에는 아주 많은 기체가 있어요. 바로 대기층이지요.
기체는 물체에 압력을 주기도 하는데 이를 **대기압**이라고 해요.
우리가 느끼지 못하더라도, 대기압은 분명 존재해요.

Fluid mechanics

1654년, 독일 마그데부르크라는 도시에서 한 가지 실험을 했어요. 반으로 자른 공을 붙이고 안에 있는 공기를 빼내어 진공상태로 만들었어요. 그리고 공의 양쪽에 각각 여덟 마리의 말을 연결한 후 동시에 끌어당겼더니 그제서야 붙어있던 반구가 열렸어요. 대기압의 힘을 보여주는 결과였지요. 이 실험을 **마그데부르크의 반구실험**이라고 해요.

PHYSICS 06

대기압의 힘이 얼마나 세냐구요? 빨대로 물을 마실 때 빨대 속 물이 위로 올라오는 건 기압이 물을 위로 밀어 올렸기 때문이에요. 하지만 보통 대기압은 기껏해야 물을 10m 정도 밀어 올릴 수 있어요. 만약 10m가 넘는 빨대가 있다고 해도 물은 10m 이상 올라갈 수 없지요. 아무리 힘이 센 사람이라 해도 말이에요.

Fluid mechanics

서로 다른 곳이라면 기압도 달라져요. 높은 산 위는 대기층이 얇아서 기압이 낮아요.
반면 평지는 대기층이 두껍기 때문에 기압도 높지요.
산 위에서 풍선을 크게 불었다가 산 아래로 가지고 내려오면 쪼그라든답니다.
산 아래는 산꼭대기보다 기압이 높기 때문이에요.

공기가 움직일 때는 대기압도 변하곤 해요. 공기가 빠르게 움직이면 압력은 낮아져요. 공기가 천천히 움직이면 압력은 커지지요.
바로 **베르누이의 원리**라고 하는 현상이에요.
큰 바람이 불면 지붕이 홀랑 뒤집어질 수도 있는데, 집 안의 기압이 집 바깥보다 높기 때문이에요. 진공청소기가 먼지를 빨아들이는 것도 청소기 안쪽의 기압보다 바깥의 기압이 훨씬 높기 때문에 바깥 공기가 먼지와 함께 빠르게 밀고 들어오는 거랍니다. 이 모든 것이 베르누이의 원리예요.

Fluid mechanics

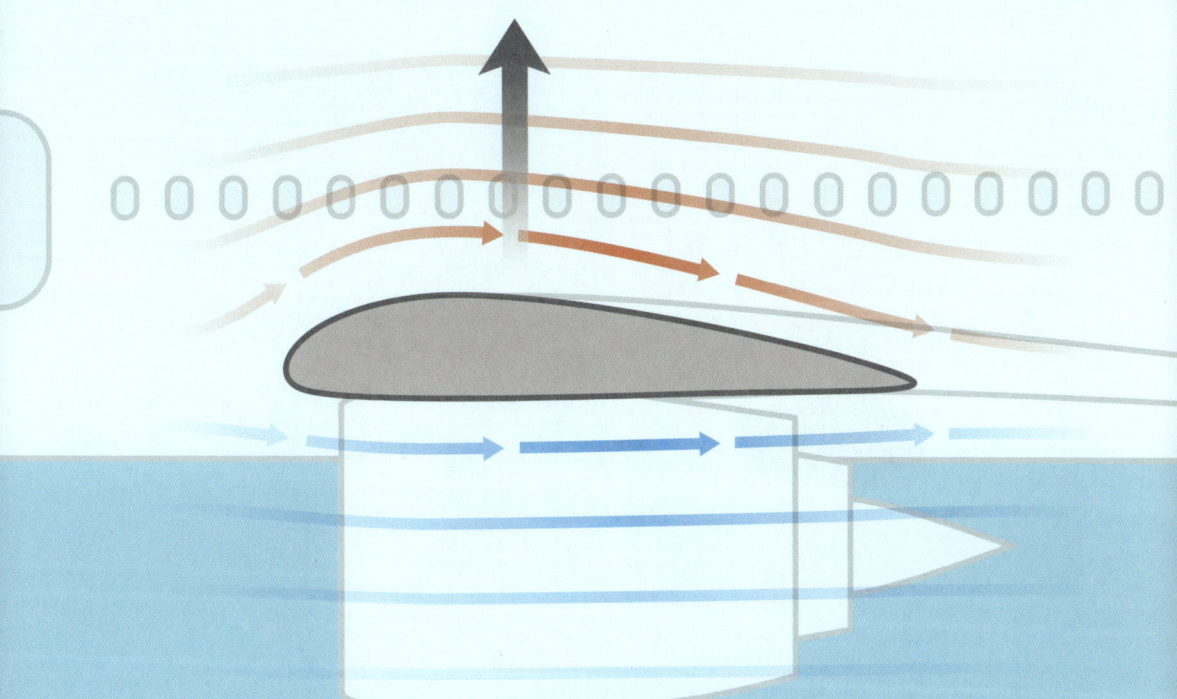

비행기는 어떻게 하늘을 나는 걸까요? 비행기는 무척 빨라서, 공기가 비행기 날개의 위아래 두 부분으로 흘러가도록 바람을 가르지요. 비행기 날개는 활처럼 휜 모양을 하고 있어요. 그래서 윗부분의 공기는 빠르게 지나갈 수 있고, 날개 아래 공기는 천천히 지나가지요. 그러니까 날개 아래는 윗부분보다 기압이 커져서 비행기가 뜰 수 있는 거예요.

PHYSICS 06

 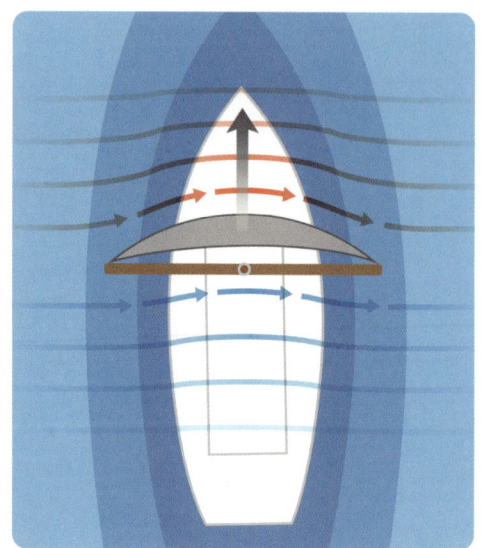

돛단배가 바다에서 떠다니는 것도 같은 원리예요.
돛이 바람에 부풀어오른 모양이 비행기 날개와 비슷하지요.
바람이 돛의 앞면과 뒷면을 지나가면, 부풀어오른 쪽의 기압은 낮고
푹 들어간 쪽의 기압은 높아져요. 그래서 돛단배가 앞으로 나아갈 수 있는 거예요.

Fluid mechanics

축구를 할 때, 축구공이 회전하면서 날아가다가
허공에서 방향이 바뀌지요. 바로 바나나킥이에요.
바나나킥도 축구공 양면을 흐르는 공기의 속도가 달라서 생겨나는 거예요.
기압이 다르다는 뜻이지요. 이 모든 현상은 **베르누이의 원리**로 설명할 수 있답니다.

PHYSICS 06

물이 암초 사이를 천천히 지나갈 때는 소용돌이가 생기지 않아요.
이를 **층흐름**이라고 해요.
하지만 물이 몹시 빠르게 흐르면, 돌멩이 뒷부분에 소용돌이가 생겨나지요.
이 소용돌이들은 종잡을 수 없이 계속 변하는데 이를 **급류**라고 해요.

Fluid mechanics

화산이 분출할 때, 뿜어져 나온 화산재가 급류가 되어 흘러요.

물속에 방울방울 떨어진 잉크도 급류를 만들지요.

그렇지만 **급류**에 대해서는 과학자들도 아직 명확하게 밝혀내지 못했어요.

PHYSICS 06

여러분은 이제 유체역학 전문가예요!

📖 독자의 편지

🧒 작은 동전도 물에 떨어뜨리면 가라앉는데, 1만 톤도 넘는 큰 배는 어떻게 가라앉지 않을 수 있지요?

👨‍🦳 아주 작은 동전이든 엄청나게 큰 배든 물에서는 두 종류의 힘을 받지요. 하나는 지구가 아래로 끌어당기는 힘, 즉 중력이고 다른 하나는 물이 위로 밀어올리는 힘, 즉 부력이에요. 부력이 크고 작은 것은 물속에 잠긴 물체의 부피와 관련이 있어요. 부피가 작은 동전은 물속에서 받는 부력의 크기도 작아요. 부력이 중력을 이기지 못하니까 동전은 가라앉게 되지요.

그런데 배는 물속에서도 부피가 크기 때문에, 큰 부력을 받을 수 있어요. 배를 끌어당기는 중력쯤은 거뜬히 버틸 수 있기 때문에 바다 위에 떠 있을 수 있는 거예요.

🧒 선생님, 그러면 공기랑 물은 둘 다 유체인데 물이 물체에 부력을 준다면 공기도 물체에 부력을 주는 것 아닌가요?

👨‍🦳 맞아요! 공기도 공기 중에 있는 물체에게 부력을 주지요. 그렇지만 공기의 부력은 너무나도 작아서, 큰 배가 받는 공기의 부력은 아마도 물이 주는 부력의 몇천 분의 일쯤 될 거예요. 그래서 물체들은 공기의 부력을 거의 받지 못한답니다.

하지만 만약 어떤 물체가 크기는 큰데 아주 가볍다면, 허공에서 공기의 부력을 받기도 해요. 헬륨풍선이나 비행선이 공기의 부력을 타고 하늘로 올라가는 것처럼요.

🧒 저희 집에는 헬륨풍선도 없고 비행선도 없어요. 대기압을 관찰할 수 있는 실험 하나만 알려주시면 안되나요?

👴 얼마든지요. 유리컵이나 단단한 플라스틱 병을 준비해서 물을 가득 채워보세요. 그리고 빳빳하면서도 너무 크지 않은 종이(트럼프 카드 같은)로 입구를 덮으세요. 손으로 종이를 누른 채로 물컵과 종이를 한 번에 뒤집은 다음 종이를 누르던 손을 떼보면, 종이가 컵 입구에 붙어있을 거예요. 물이 컵 밖으로 쏟아지지도 않고요. 이건 바로 대기압이 종이를 떠받치고 있기 때문이에요.

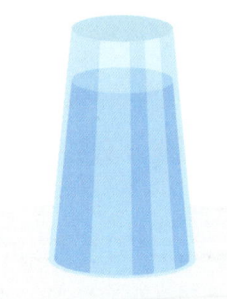

🧒 우와! 재미있겠는데요? 이제 마지막 질문이에요. 방금 엄마가 밥을 지으실 때 압력솥을 쓰셨는데요. 압력솥은 무슨 역할을 하는 건가요?

정상적인 기압에서 물은 100°C가 되어야 끓는다는 것을 알지요? 끓은 다음부터는 물의 온도가 더 이상 올라가지 않아요. 그렇지만 압력솥 안의 기압은 정상적인 기압보다 높아서, 100°C가 넘어도 물의 온도가 계속 올라가요. 온도가 더 높아지면 음식이 더 빨리 끓지요. 그래서 보통 밥솥으로 두 시간이 걸리는 음식도, 압력솥을 사용하면 20분 만에 완성된답니다.

 아하, 그렇군요. 압력솥이 없었다면 저는 아직도 저녁을 못 먹었겠네요. 고맙습니다 선생님. 저는 이제 자러 갈게요.

잘 자요, 좋은 꿈 꾸세요!

PHYSICS 07

Atomic physics
원자 물리학

Atomic physics

옛날에는 연금술을 연구하는 사람이 아주 많았어요. 연금술이란 동을 금으로 만드는 기술을 말하지요. 하지만 성공한 사람은 아무도 없답니다. 왜냐고요? **동과 금은 원자가 서로 다르기 때문이지요.**

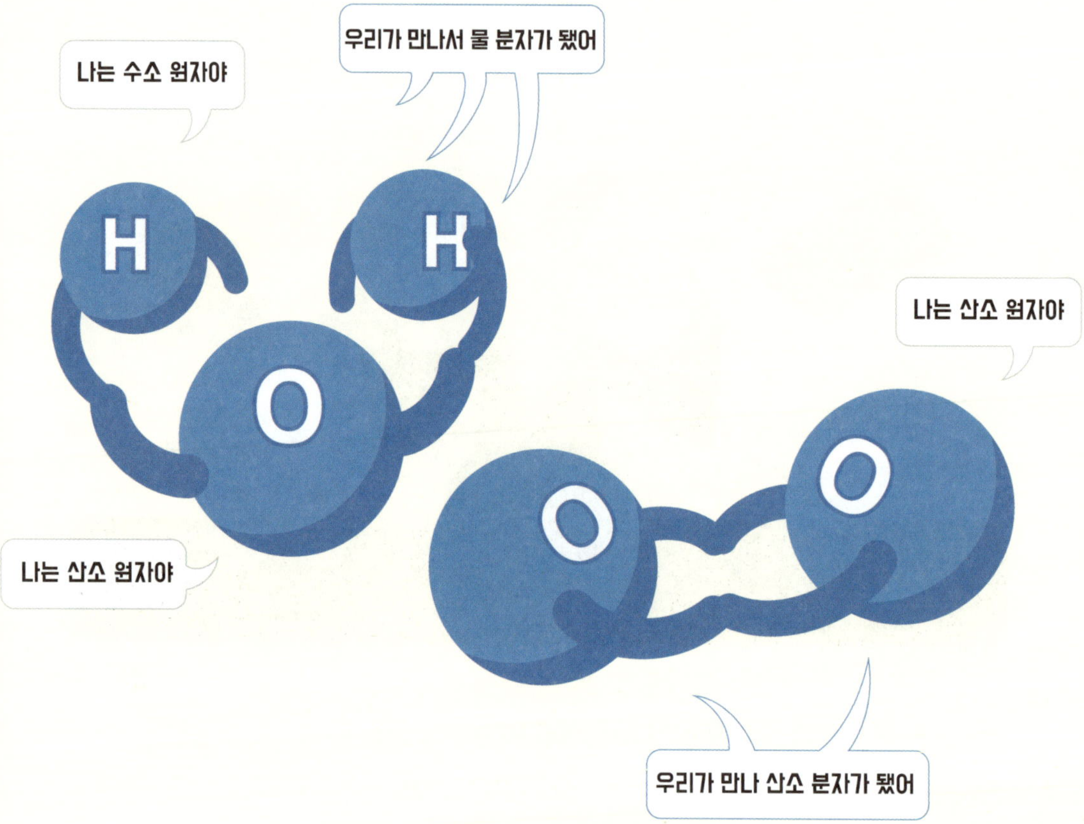

나는 수소 원자야

우리가 만나서 물 분자가 됐어

나는 산소 원자야

나는 산소 원자야

우리가 만나 산소 분자가 됐어

세상에 있는 거의 모든 물체는 분자로 구성되어 있어요. 그리고 분자는 원자가 모여 만들어진 거랍니다.

Atomic physics

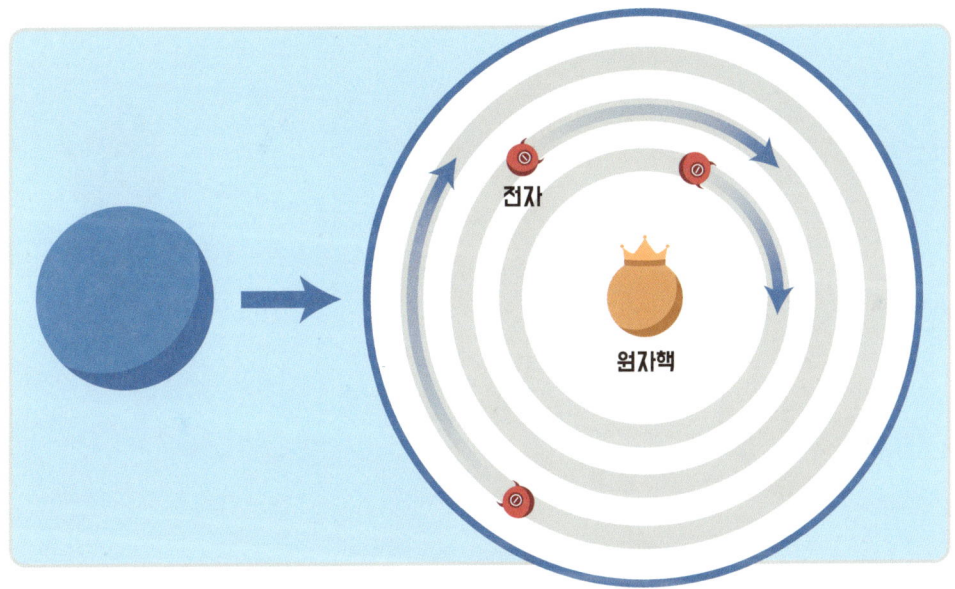

그럼, 원자는 무엇으로 구성되었을까요?

원자 가운데에는 아주 작은 핵인 **원자핵**이 있어요. 원자핵은 양전하를 띠고 있어요.

원자핵 바깥에는 무수히 많은 **전자**가 있어요. 이 전자들은 음전하를 띠고서 원자핵을 감싸듯 빠르게 주위를 돌고 있지요.

이렇게, **원자는 원자핵과 전자로 이루어져 있답니다.**

PHYSICS 07

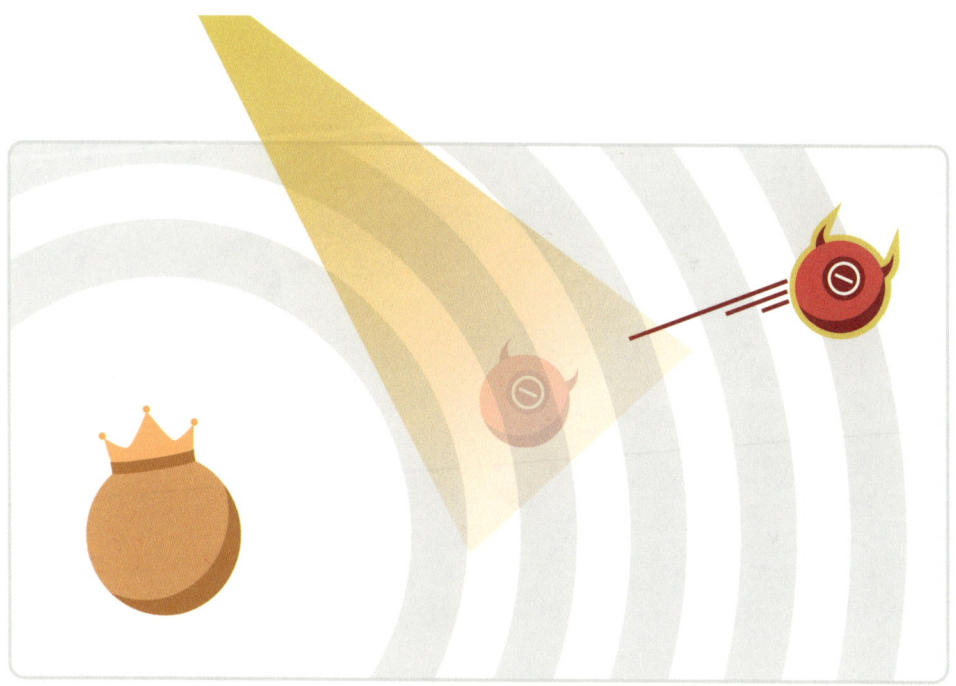

전자마다 원자핵 주변을 달리는 길, 그러니까 궤도가 달라요. 평소에는 원자핵과 제일 가깝고 낮은 궤도를 돌고 있지만 빛이 원자를 비추면 전자는 더 멀리 떨어진 높은 궤도로 흘쩍 뛰어올라요. 원자가 빛을 빨아들인 거죠.

그런데 전자는 높은 궤도에 오래 머물지는 못해요. 잠시 후면 다시 원래 있던 낮은 궤도로 내려오게 되고, 물체는 빛을 원자 밖으로 내보낼 수 있어요.

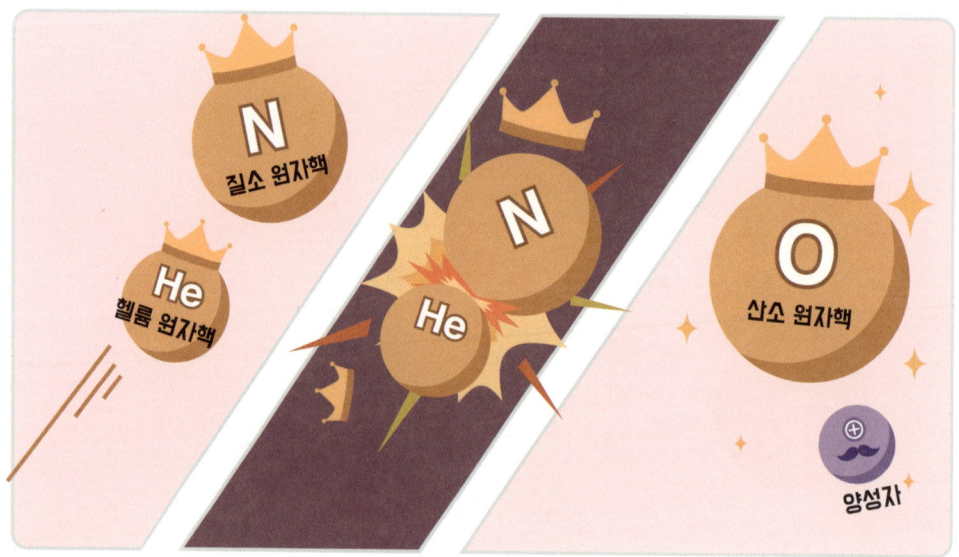

원자핵은 그럼 무엇으로 만들어졌을까요?
러더퍼드라는 과학자는 한 원자핵으로 다른 원자핵에 충격을 주는 실험을 했어요.
원자핵끼리 부딪혀서 부서지게 해 본 거죠.
이 실험을 통해 러더퍼드는 **원자핵 안에 양성자가 있다는 것을 발견했어요.**
양성자는 양전하를 띠고 있었지요.

Atomic physics

러더퍼드의 제자인 채드윅도 원자핵끼리 충격을 주어 깨뜨리는 실험을 해 보았어요. 채드윅은 **원자핵 안에는 양성자 말고도 중성자가 있다는 것을 밝혀냈지요.** 중성자에는 전하가 없었답니다.

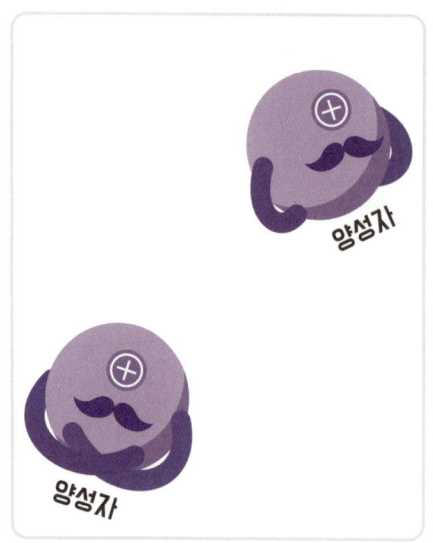

그러니까 원자핵은 양성자와 중성자로 이루어진 것이지요.
양성자는 양극을 띠고, 같은 극을 가진 양성자끼리는 서로 친해질 수 없으니 멀리 떨어져있고 싶어해요. 이럴 때 전하는 없지만 성격이 아주 좋은 중성자는 떨어져있는 원자들이 서로 가까워지도록 끌어안지요. 그렇게 원자핵을 결성하는 거예요.

Atomic physics

원자핵마다 그 안에 있는 양성자의 수가 다 달라요.
수소 원자핵은 양성자가 한 개 뿐이고, 산소 원자핵에는 양성자가 여덟 개나 있어요. 구리 원자핵에는 양성자가 29개인데, 금 원자핵에는 무려 79개의 양성자가 있지요. 양성자 개수가 다 다르기 때문에, 서로 다른 원소가 생겨나요. 그리고 제각각인 원소는 다양한 물질을 구성하지요.

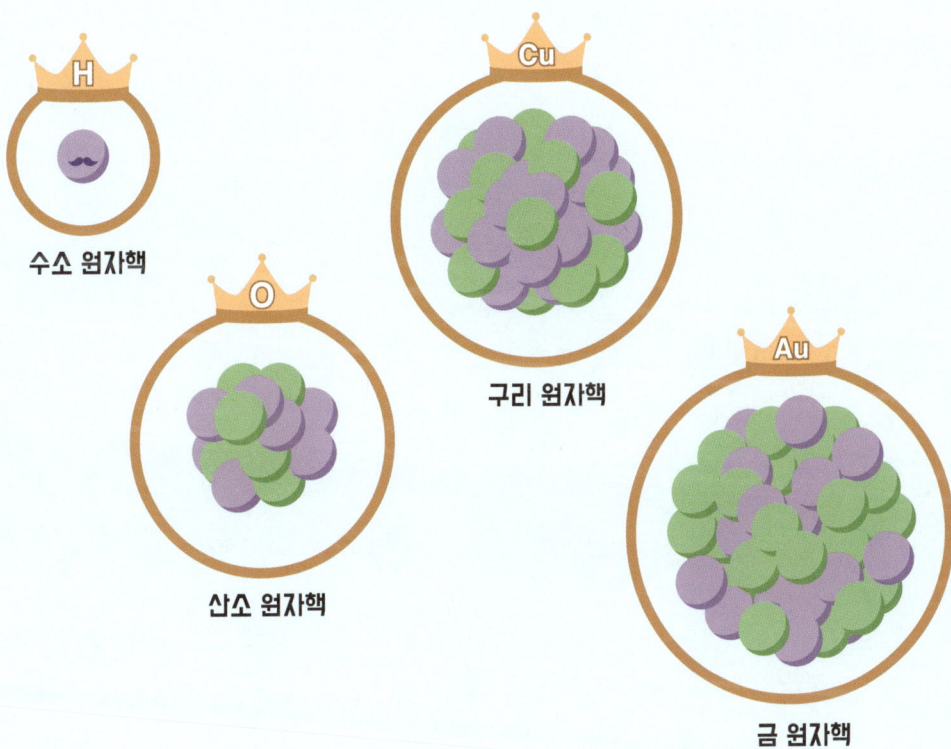

수소 원자핵

산소 원자핵

구리 원자핵

금 원자핵

PHYSICS 07

세상의 모든 물체들은 백 개도 넘는 원소들로 이루어져 있어요.
과학자 멘델레예프는 최초로 세상의 원소를 표 한 장에 나열한 사람이지요.
이 표를 **원소주기율표**라고 해요.

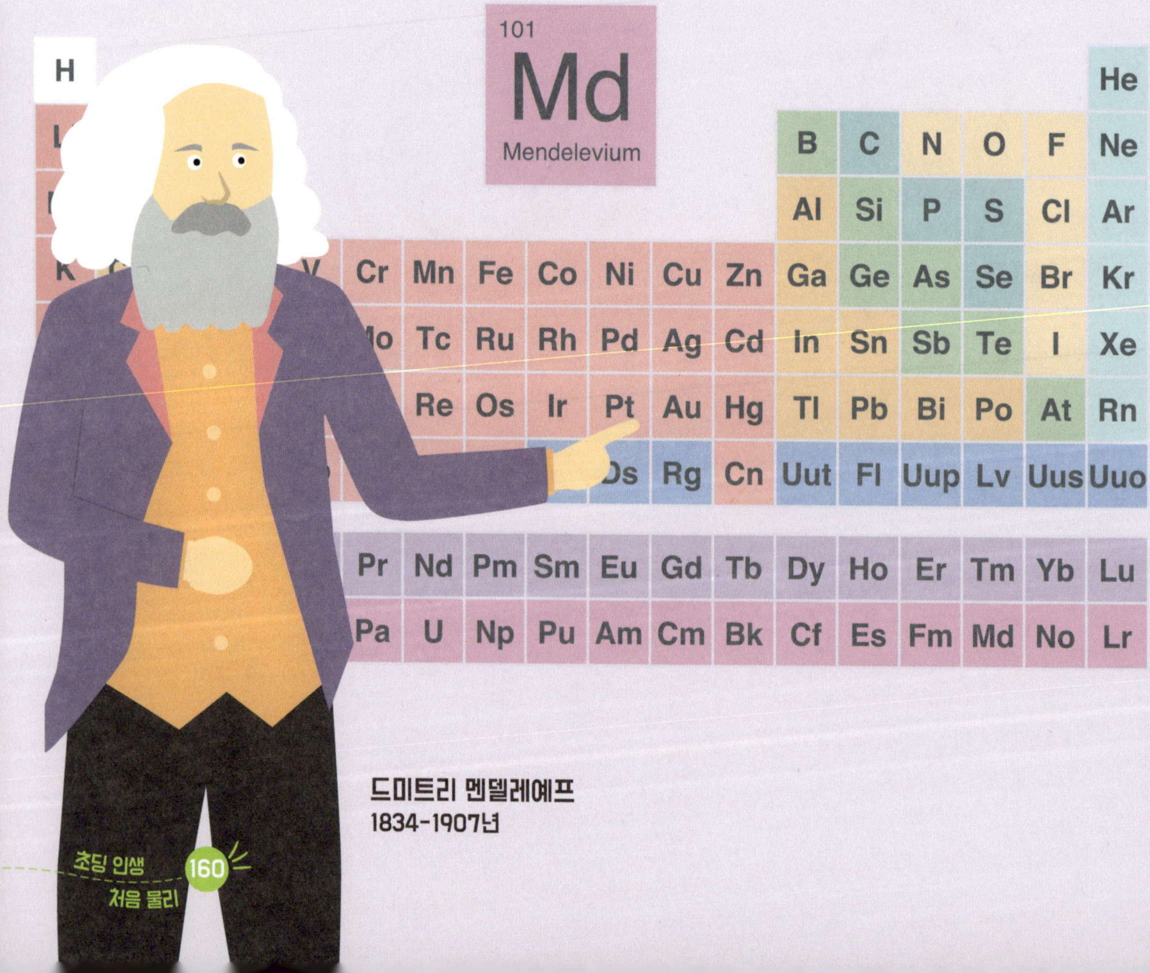

드미트리 멘델레예프
1834-1907년

Atomic physics

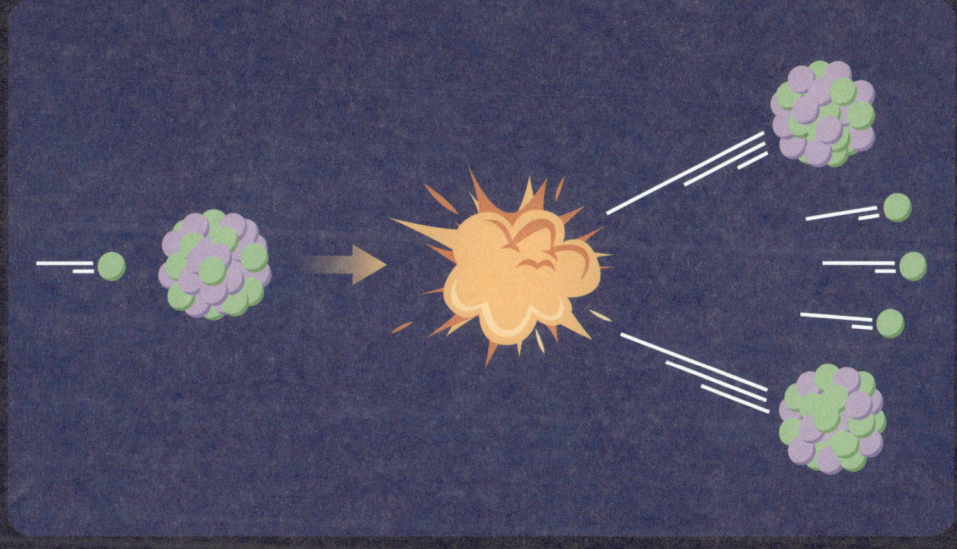

원자핵은 한 번 만들어지면 절대 변하지 않는 물질이 아니에요.
두 개의 원자핵을 충돌시켜서 쪼개지게 하면 새로운 원자핵이 만들어지죠.
그리고, 원자핵이 쪼개질 때는 어마어마한 에너지를 뿜어내요.
이것이 바로 **핵분열**이에요.

예를 들어, 중성자 하나가 우라늄 원자핵에 충돌해 부서지면 중성자 세 개가 나와요. 중성자 세 개가 또다시 우라늄 원자핵 세 개에 충돌하면 중성자 아홉 개가 튀어나오지요. 이 과정이 계속 되풀이되는 것을 우리는 연쇄반응이라고 해요. 눈 깜짝할 새 엄청난 에너지가 발생한답니다.
원자폭탄은 바로 이 **연쇄반응**을 통해 폭발하게 되는 거예요.

Atomic physics

오늘날, 사람들은 연쇄반응의 속도를 조금 느리게 조절해서 에너지인 전기를 만드는 방법을 찾아냈어요. 바로, 핵발전소예요. 핵발전소는 원료를 아주 조금만 사용해도 어마어마하게 많은 전기를 만들어낼 수 있답니다.

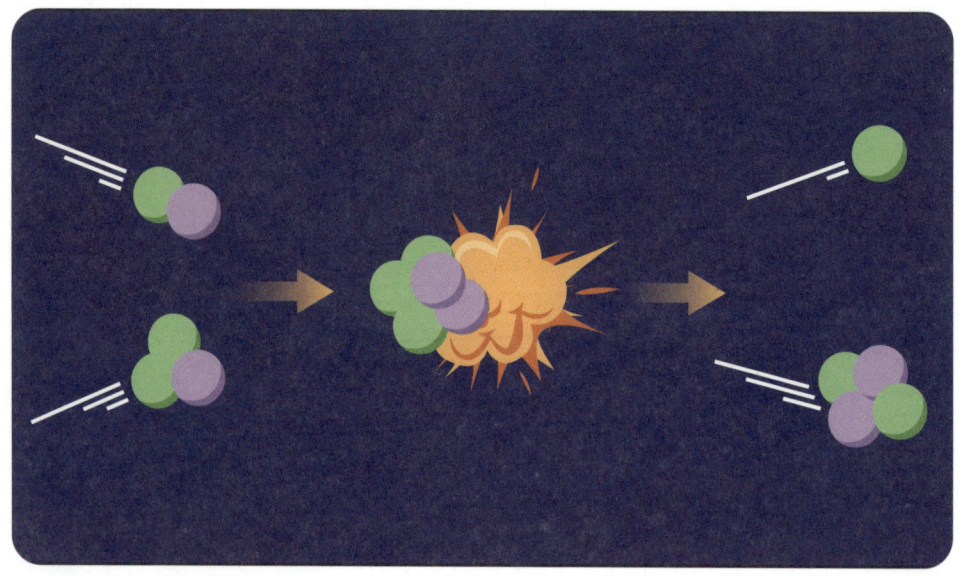

만약 작은 원자핵 두 개의 거리가 너무 가까워지면,
둘은 하나로 합쳐져 새로운 원자핵으로 탄생하기도 해요.
수소 원자핵 두 개가 만나면 헬륨 원자핵 하나를 만들어내지요.
그리고 아주 엄청난 에너지를 내뿜는데, 이게 바로 **핵융합**이에요.

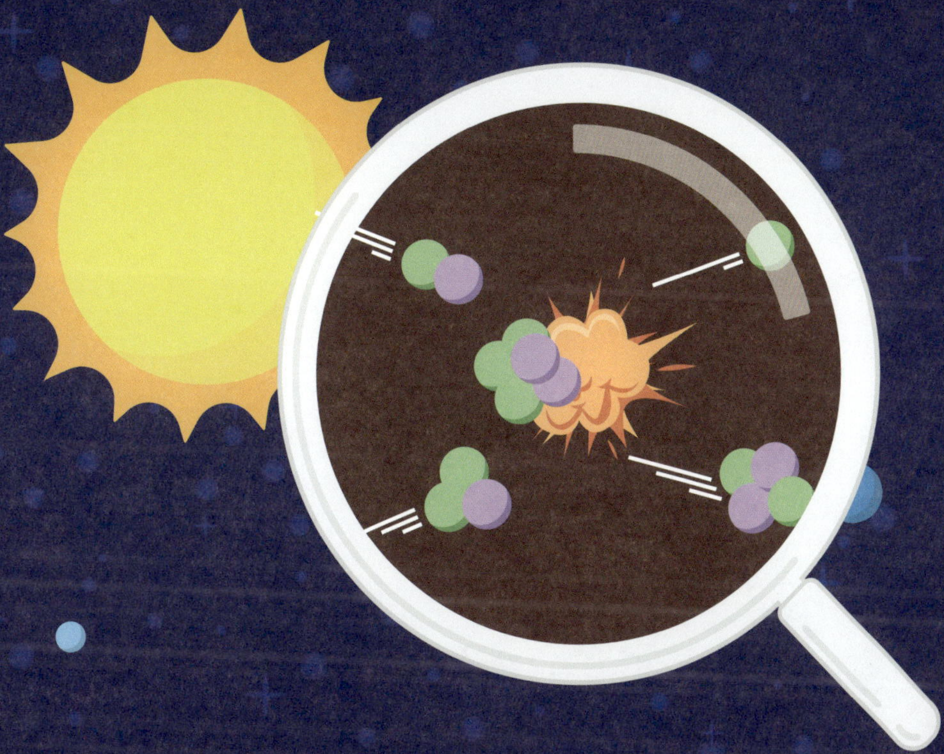

Atomic physics

태양에는 수소 원자핵이 무척 많아서, 서로 만나 헬륨 원자핵으로 변하면서 어마어마한 빛과 열을 뿜지요. 그러니까 태양은 핵융합 때문에 빛나는 거예요.

PHYSICS 07

어떤 원자핵은 너무 커서 상태가 불안정해요. 그래서 굳이 다른 원자핵과 부딪히지 않아도 혼자 천천히 쪼개지지요. **붕괴**라고 하는 현상이에요.

퀴리 부인(마리 퀴리)
1867-1934년

Atomic physics

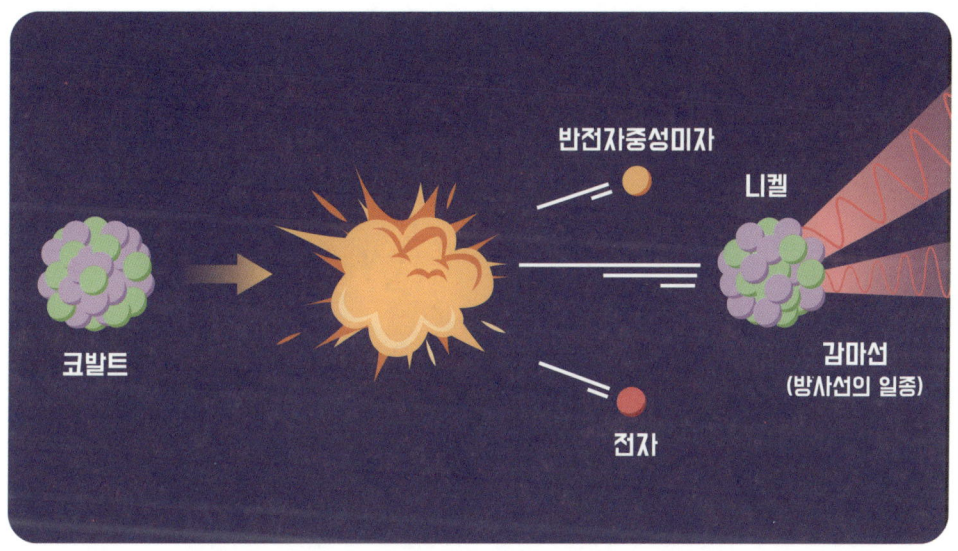

원자핵이 붕괴될 때는 무수히 많은 양성자, 중성자, 전자 그리고 감마선이라는 특수한 빛이 만들어져요. 이처럼, **붕괴되면서 방사선을 만들어 낼 수 있는 물질을 방사성물질이라고 하지요.**

PHYSICS 07

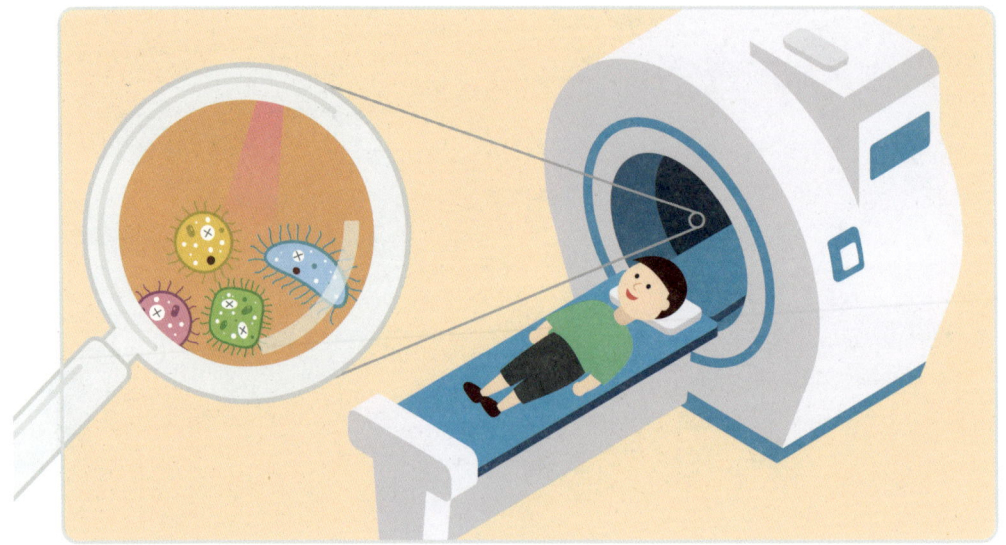

방사성물질이 만들어 낸 감마선은 암세포를 죽일 수 있어서 질병을 치료하는 데 쓰이기도 해요.

Atomic physics

그렇지만, 방사성물질이 너무 강렬하면 우리 몸에 있는 정상적인 세포를 죽일 수도 있기 때문에 몹시 위험해요. 그러니 우리 모두 **방사성물질 표시**를 잘 기억해서 가까이 가지 않도록 해요.

여러분은 이제 원자물리학 전문가예요!

🖍 독자의 편지

🧒 선생님 안녕하세요!
원자는 원자핵과 전자로 구성되고, 원자핵 바깥에는 아주아주 많은 전자가 원자핵 주위를 돌고있다고 하셨잖아요. 그렇다면 태양계랑 비슷한 모양 아닌가요? 태양계 중심에도 태양이 있고, 그 주변을 수성이랑 금성, 지구 같은 행성이 돌고 있잖아요.

 맞아요. 톰슨이라는 사람이 제일 먼저 전자를 발견했는데, 원자의 구조를 잘못 파악했지요. 나중에 톰슨의 제자인 러더퍼드가 실험을 통해 원자의 구조를 제대로 밝혀냈어요. 원자 한가운데에는 원자핵 하나가 있다는 사실이죠. 그리고 그 원자핵은 너무나 작아서, 만약 원자가 축구장만큼 크다면 원자핵은 축구장에 있는 쌀알 정도의 크기랍니다. 그런데 원자핵은 크기는 작지만 아주 무거워요. 전자의 질량은 원자핵에 비교하면 수천 배나 가볍거든요. 원자핵 주위에는 커다란 공간이 있는데, 이 공간 사이를 전자가 아주 빠르게 움직여요. 원자핵은 양전하를 띠고, 전자는 음전하를 띠고 있어서 서로를 끌어당기고 있어요. 그래서 전자는 원자핵의 주위를 아주 빠르게 돌면서도 원자에서 벗어나지는 않아요. 이 모습이 태양계와 너무나도 닮아서 러더퍼드는 이 구조를 "행성모형"이라고 불렀지요.

🧒 어쩌면 우리가 아는 태양계도 더 큰 세계의 원자에 불과할 수도 있겠네요! 정말 흥미로워요! 원자핵은 양성자와 중성자로 구성되어 있는데, 양성자와 중성자는 그럼 무엇으로 이루어진 건가요?

🧑‍🦳 과학자들은 아직도 세계에서 가장 작은 물질이 무엇인지 연구 중이에요. 처음에 사람들은 세상이 원자로 이루어졌다고 생각했지만, 나중에는 원자가 원자핵과 전자가 모여 이루어졌다는 것을 밝혀냈지요. 원자핵은 또 양성자와 중성자로 만들어졌고요. 이제 과학자들은 양성자와 중성자가 서로 다른 쿼크로 이루어져 있다고 봐요. 쿼크는 기본입자의 일종이에요. 쿼크 외에도, 전자나 중성미자(뉴트리노), 광자 등의 기본입자가 있어요. 각각의 기본입자는 저마다 일정한 질량이나 전하 등의 성질을 가지고 있어요. 이 세상은 이러한 기본입자들이 모여서 만들어진 거죠. 나중에 대학교에 가면, 이런 기본입자들을 배울 수 있을 거예요!

👧 이렇게 작은 기본입자를 연구하다니, 과학자들은 정말 대단해요. 제가 이 책을 읽고 나서 알게 된 건데, 원자핵은 분열을 일으키기도 하고 융합을 하기도 하잖아요. 완전히 다른 종류의 원자핵이 되기도 하고요. 이렇게 변하다 보면 결국에는 어떻게 될까요?

H 수소
He 헬륨
C 탄소
O 산소
Si 규소
Fe 철

🧑‍🦳 선생님이 설명해 준 내용을 잘 기억하고 있군요? 이 세상에는 백여 개가 넘는 원소가 있어요. 그중에는 수소 원자핵처럼 질량이 아주 작은 원자핵도 있고, 우라늄 원자핵처럼 묵직한 것도 있지요. 불안정한 원자핵 중에서 작은 원자핵은 융합을 하고 큰 원자핵은 분열을 하는데, 이 원자핵들은 결국 철이 되는 게 목표예요. 예를 들어 태양에는 수소 원소가 아주 많은데, 이게 모여서 헬륨 원소가 되거든요. 헬륨 원소들이 또 합해지면 탄소 원소가 되고요. 더 큰 항성에 있는 탄소는 계속 융합해서 산소, 규소 등의 원소로 변해

가요. 그러다가 마지막에는 철이 되지요. 철 원소는 제일 안정적이어서 다른 원소로 변하지 않거든요.

 아하, 그런 거군요! 이제 알겠어요. 이제는 제 철 침대로 자러 가야겠어요. 제일 안정적이니까 잠도 잘 잘 수 있겠지요!

잘 자요, 좋은 꿈 꾸고요.

PHYSICS 08

광학사

History of Optics

빛이란 도대체 무엇일까요?
이 간단한 문제를 놓고, 인류는 2000년도 넘는 시간을 연구했지요.
세상에서 으뜸가는 학자들이 총출동했지만, 아직까지도 논쟁은 그치지 않고 있답니다.

PHYSICS 08

2000년도 더 전에, 어떤 그리스 학자는 빛이 물체가 내보내는 아주 작은 입자라고 생각했어요. 빛 입자가 사람의 눈에 들어가면 사람이 물체를 볼 수 있다고 여겼지요. 또 다른 학자는 빛이 사람의 눈에서 나오는 것이라고 생각했어요. 사람의 눈에서 마치 촉수처럼 '보는 손'이 뻗어 나와서 물체에 닿으면 우리가 그 물체를 보는 것이라고 믿었지요.

피타고라스
기원전 570-495년

데모크리토스
기원전 460-370년

History of Optics

300년쯤 전, 영국의 과학자 뉴턴은 빛이 도대체 무엇인지 알아내려고 수없이 많은 실험을 해보았어요. 뉴턴은, 빛은 아주 작은 입자여서 이 기본입자가 물체에 닿으면 튕겨나가는데, 이 현상을 '빛의 반사'라고 했어요.

물속으로 빛을 비추면 빛의 방향이 바뀌는데, 이것을 '빛의 굴절'이라고 했지요.

그리고, 물속에서는 공기 중에서보다 빛의 속도가 더 빠르다고 믿었어요.

아이작 뉴턴
1643-1727년

PHYSICS 08

그런데 네덜란드의 과학자인 호이겐스는 생각이 조금 달랐어요. 호이겐스는 빛이 일종의 파동이라고 생각했어요. 물결처럼 말이지요. 파동도 반사나 굴절이 되니까요. 그리고 호이겐스는 물속에서 빛의 속도는 공기에서보다 느리다고 생각했어요.

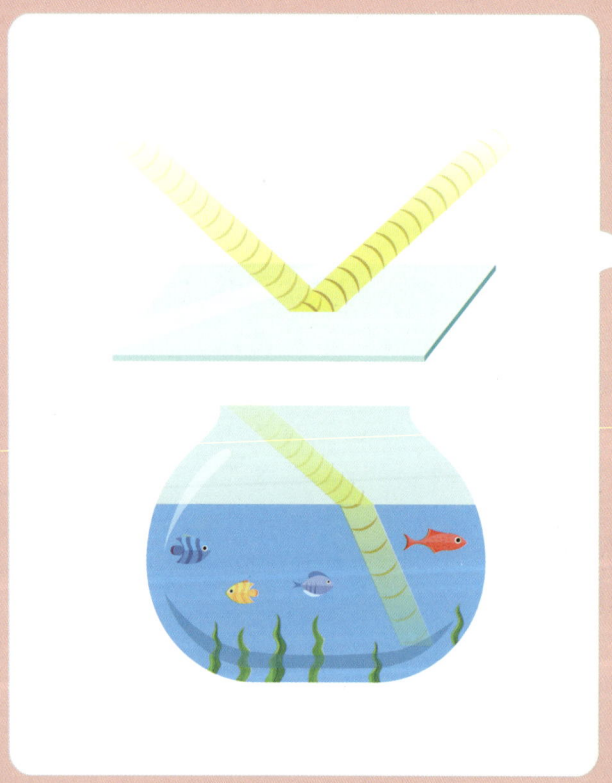

크리스티앙 호이겐스
1629-1695년

History of Optics

도대체 누가 맞는 걸까요? 만약 우리가 공기와 물속에서 빛이 얼마나 빠른지 알아낸다면 무엇이 맞는 말인지 판단할 수 있겠지요.

그렇지만 빛의 속도는 너무나 빨라서, 뉴턴과 호이겐스 모두 빛의 속도를 계산해 낼 수 없었어요. 둘 다 서로를 설득할 수 없었지요.

이를 가리켜 '제1차 파동-입자 논쟁'이라고 해요. 하지만 당시에는 뉴턴이 가장 위대한 과학자로 떠받들어지고 있었기 때문에, 사람들은 모두 뉴턴의 말을 믿었어요.

PHYSICS 08

200년쯤 전, 영국에 토머스 영이라는 천재 과학자가 나타났어요. 토머스 영은 열세 살에 이미 라틴어와 그리스어, 프랑스어에 이탈리아어까지 할 수 있었지요. 그는 평생 400가지의 언어를 연구했고, 가장 먼저 이집트의 상형문자를 해독한 사람 중 한 명이기도 해요. 게다가 아주 유명한 의사였고, 온갖 종류의 악기도 연주할 수 있었어요. 심지어는 줄타기 곡예까지도 할 줄 알았어요.

토머스 영
1773-1829년

History of Optics

토머스 영이 활약할 당시에 새로운 사실이 발견됐어요. 서로 다른 물 파동이 만나면 중첩되어 하나로 겹쳐진다는 사실이 밝혀진 거지요. 이렇게 겹쳐진 파동은, 어떤 곳에서는 아주 격렬히 진동하기도 하고, 어떤 때는 평온했지요. 이것을 **파동의 간섭**이라고 해요. 파동이 지닌 특징이지요.

PHYSICS 08

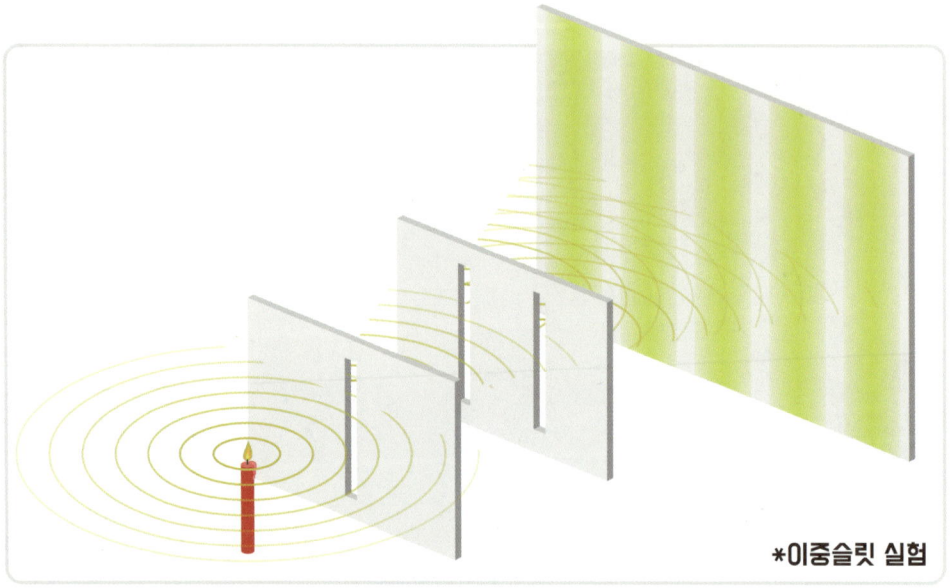

*이중슬릿 실험

만약 빛에도 간섭현상이 나타난다면, 빛이 파동이라는 사실을 설명할 수 있지 않을까요? 토머스 영은 이 실험을 위한 장치를 만들었어요. 양초에서 나오는 빛이 틈 하나가 있는 벽을 지나고, 그 뒤에 있는 틈 두 개 짜리 벽을 지나면, 맨 뒤에 놓인 스크린에는 빛이 겹치면서 줄무늬 여러 개가 생기게 되지요.

이 실험을 통해 빛도 물처럼 간섭현상을 만들어낸다는 사실을 밝혀냈어요. 그러니까 빛 역시 파동의 일종이라는 사실을 증명한 거지요.

History of Optics

토머스 영의 이중슬릿 실험은 세상에서 가장 아름다운 물리 실험으로 손꼽히기도 했어요. 그리고 뉴턴의 입자설이 틀렸다는 것을 세상에 보여 주었지요.
하지만 당시 뉴턴이 워낙 최고라고 인정받던 분위기 때문에 아무도 토머스 영의 말을 믿어주지 않았고, 심지어 토머스 영이 미쳤다고 욕을 했어요. 토머스 영이 자신의 이론을 써낸 책은 겨우 한 권 밖에 팔리지 않았어요.

PHYSICS 08

프랑스의 학술원에서 연구하던 실력있는 과학자들은, 다들 빛이 미립자라고 믿고 있었어요. 그래서 학술원의 과학자들은 토머스 영의 실험을 반박하기 위해, 공모전을 열어 빛이 미립자라는 사실을 증명할 수 있는 사람이 나타나기를 바랐지요.

History of Optics

그 때, 프레넬이라는 젊은 과학자가 논문 한 편을 제출했어요.
프레넬은 "무수한 광학 문제는 파동으로 해결할 수 있다"고 했지요.
예를 들어, 빛이 장애물을 만난 직후에는 물 파동(물결)처럼 장애물을 피해 돌아가는데 이 현상을 회절이라고 했어요. 회절도 파동의 특징 중 하나랍니다.

오귀스탱 장 프레넬
1788-1827년

프레넬의 주장은 프랑스학술원에서 빛의 입자설을 지지하는 과학자들을 당황하게 만들었어요.
특히, 유명한 프랑스 수학자 푸아송은 "프레넬의 이론은 틀렸다"고 지적했어요. 만약 프레넬이 맞다면, 빛을 작은 원형 판에 비추었을 때 원판 뒷면에 생기는 그림자 한가운데에 밝은 점이 생겨야 한다고 말했지요. 하지만 그건 완전히 불가능했어요.

시메옹 드니 푸아송
1781-1840년

History of Optics

하지만 프랑스학술원에도 파동설을 지지하는 학자들이 있기는 했어요.
그들은 '아예 우리가 실험을 해서 명확하게 검증하는 것이 좋겠다'고 생각했지요.
그 결과, 모두가 놀랄 만한 사실이 드러났어요.
원판 뒷편 그림자 한가운데에 정말 밝은 점 하나가 있었던 거예요.
아예 사람들은 이 밝은 점을 '그림자 속 빛'이라고 불렀지요.
이 과정을 '제2차 파동-입자 논쟁'이라고 해요.

광학사

결국 사람들은 빛이 입자가 아니라 파동이라는 것을 믿게 되었어요.
그렇지만 빛 파동은 소리나 물 파동과는 달라요.
소리 파동이나 물 파동은 공기나 물 같은 물질이 있어야 전파되고 진공상태에서는
퍼지지 않지요. 그렇지만 빛은 진공상태에서도 얼마든지 널리 퍼진답니다.
태양이 빛을 내뿜을 때면, 우주의 광활한 진공을 지나 지구에 닿거든요.
왜 그럴까요?

History of Optics

제임스 클러크 맥스웰
1831-1879년

150년쯤 전에, 영국에 맥스웰이라는 천재 과학자가 있었어요.
맥스웰은 전기와 자기장의 관계를 밝혀내기도 했지요.
맥스웰이 발견해 낸 또 다른 사실은 바로, 빛이 전기장과 자기장으로 이루어진 파동이라는 거예요. 바로 전자기파지요.
전자기파는 진공상태에서도 얼마든지 퍼질 수 있거든요.
그제서야 우리는 빛이 대체 무엇인지 알게 된 거예요.

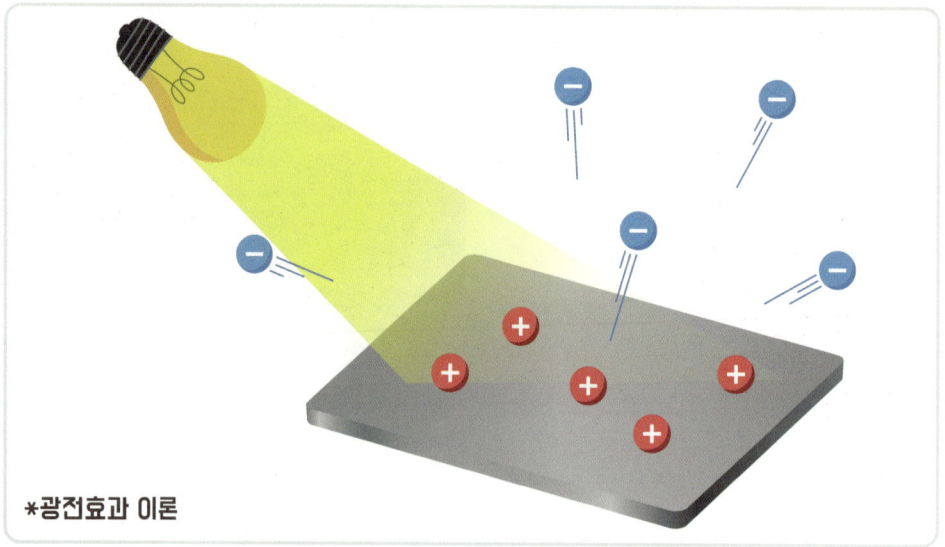

*광전효과 이론

그렇지만 100년 전에 인간은 또 하나의 현상을 발견했어요.
빛을 금속에 비추면 금속이 전기를 띠게 되는데, 이것을 **광전효과**라고 해요.
금속이 빛을 쬐면 금속에 있던 전자가 튀어나와서, 금속판에 있던 전자가 줄어들게 되니 금속판이 양극을 띠게 되는 것이지요.

History of Optics

과학자들은 전자기학이 광전효과를 설명할 수 있다고 생각했어요.
그렇지만 그 생각은 실패로 돌아갔어요. 어떤 해석도 실험 결과와 일치하지 않았어요.
그때, 또 다른 위대한 인물인 아인슈타인이 등장한답니다.
아인슈타인은 빛이 파동인 동시에 입자라고 말하며,
이를 **빛의 파동-입자 이중성***이라고 일컬었어요.

***파동-입자 이중성** 양자역학의 두 번째 핵심 개념

알버트 아인슈타인
1879-1955년

흰 종이에 빨간 빛을 비추면 종이가 빨개지고,
초록색 빛을 비추면 종이가 초록색이 되지요.
빛도 마찬가지랍니다. 어떤 때는 빛이 파동이기도 하고,
또 어떤 때는 입자이기도 하다는 거예요.

History of Optics

빛이란 정말 신기하지요!

300년 전만 해도 뉴턴은 "빛은 아주 작은 입자다"라고 했고,

200년 전에는 토머스 영이 "빛은 파동이다"라고 주장했어요.

150년 전에는 맥스웰이 "빛이란 전자기파다"라고 주장했고,

100년 전에는 아인슈타인이 "빛은 입자인 동시에 파동이다"라고 말했답니다.

과학은 이렇게 조금씩 진보해요.

먼 훗날에 또 누군가가 빛이란 무엇이라고 할 지 어떻게 알겠어요?

여러분! 이제 광학 역사의 전문가가 되었군요.

🍌 독자의 편지

🧒 선생님 안녕하세요, 오늘 수업에서는 정말 대단한 물리학자를 여러 명 알려주셨잖아요. 그중에 누가 최고인가요?

👨‍🦳 역사적으로 위대한 과학자들이 정말 많지요. 모두들 세상을 움직이는 규칙을 탐구하는 데 공을 세웠답니다. 과학자들은 모두 그 시대에 제일 똑똑했던 사람들이거든요. 하지만 역사상 가장 대단했던 물리학자를 꼭 알려달라고 하면, 뉴턴과 맥스웰, 그리고 아인슈타인 세 명이라고 생각해요. 우리 친구는 이 과학자들이 어떤 업적을 남겼는지 기억하나요?

🧒 뉴턴이요! 뉴턴은 신기한 규칙을 여러 개 발견했으니까요. 분광현상이라든지 만유인력 같은 거요!

👨‍🦳 맞아요. 뉴턴이 스물 두 살 때, 영국에 흑사병이라는 전염병이 퍼져서 고향집으로 돌아가야 했지요. 그때 뉴턴은 프리즘을 이용해서 빛이 일곱 색으로 나뉜다는 것을 알게 됐는데, 그것이 바로 분광현상이에요. 또 뉴턴은 수학적으로도 아주 중요한 발명을 했답니다. 바로 미적분이지요. 미적분은 우리가 그 전까지 계산할 수 없었던 많은 문제들을 해결할 수 있는 방법이었어요. 그 밖에도 뉴턴은 '사과가 나무에서 떨어지는 것은 지구가 사과를 끌어당기는 힘이

있기 때문이고, 지구가 태양의 주위를 돌고 있는 것은 태양이 지구를 끌어당기는 힘 때문이다'는 생각을 해내기도 했지요. 그러니까 뉴턴이 우주와 지구를 하나로 생각하게 되면서, 인류가 세계를 인식하는 법이 한층 발전한 거예요. 뉴턴의 업적 덕분에 우리는 천체가 어떻게 움직이는지 알게 되었고, 우주비행선도 만들 수 있게 된 거니까요. 만약 과학자를 말해보라고 하면, 누구든지 뉴턴을 제일 먼저 떠올리게 될 거예요.

🧒 뉴턴 아저씨 정말 멋지네요! 선생님이 아까 맥스웰도 대단한 과학자 중 한 명이라고 말씀하셨는데, 그럼 맥스웰의 업적은 무엇인가요?

👨‍🦳 번개와 자석 사이에 어떤 관계가 있는지 아나요? 맥스웰이 바로 이 관계를 밝혀냈답니다. 맥스웰은 뉴턴보다 200년쯤 늦게 태어났는데, 둘 다 영국의 케임브리지대학에서 공부했답니다. 한마디로, 맥스웰은 뉴턴의 후배지요. 맥스웰은 스물 다섯 살 때부터 전기와 자기의 관계를 연구하기 시작했어요. 그리고 마침내 서른 네 살이 되던 해에 아주 아름다운 방정식으로 이를 증명해 보였지요. 멈춰있는 전하는 전기장을 만들 수 있고, 운동하는 전하는 자기장을 만들 수 있다고 말이에요. 즉, 전기장과 자기장은 원래 같은 물질이기 때문에 사람들은 이를 전자기장이라고 부르게 되었답니다. 전기장과 자기장이 결국은 같다는 것을 맥스웰이 증명했기 때문에, 인류가 세상을 인식하는 법이 또 한 차례 도약하게 된 것이지요. 맥스웰의 업적 덕분에 우리가 방송을 만들고 텔레비전과 전화를 만들어낸 거예요.

🧒 아! 맥스웰은 더 대단하네요! 텔레비전과 휴대전화가 저한테는 우주비행선보다 훨씬 중요하거든요. 그러면, 아인슈타인은 또 무슨 일을 했나요?

아인슈타인이 나타나기 전까지, 모두들 시간과 공간은 영원히 변하지 않는다고 믿었어요. 시간이란 지구에서든 화성에서든 똑같은 빠르기로 움직인다고 생각했기 때문에, 위대한 과학자인 뉴턴조차 시간에는 아주 조그마한 변화조차 생길 리 없다고 믿었지요.
그런데 아인슈타인이 스물 여섯 살이 되던 때, 특수상대성이론을 발표하게 되지요. 이 이론은 시간과 공간은 원래 하나이기 때문에 누가 관찰하느냐에 따라 시간이 흐르는 속도와 공간의 크기는 모두 변할 수 있다는 내용이었어요. 10년이 지나고, 아인슈타인은 일반상대성이론을 다시 발표했어요. 그 덕분에 우리는 우주가 어디서 왔고 어떻게 변하는지 알게 되었고, 우주에 블랙홀이 있다는 사실도 비로소 알게 되었지요. 아인슈타인이 시간과 공간을 연구하면서, 인류가 세상을 인식하는 법이 또 한 차례 도약하게 되었어요.

과학자들은 그렇게 젊은 나이에도 위대한 업적을 세웠네요. 그런데 선생님, 아직도 그중 누가 제일 대단한지 알려주지 않으셨잖아요.

하하! 과학을 열심히 공부하다 보면, 우리 친구가 훨씬 더 대단해질 걸요! 얼른 잠자리에 들어요!

안녕히 주무세요! 저는 오늘 꿈에서 뉴턴이랑 맥스웰이랑 아인슈타인을 만나야겠어요!

PHYSICS 09

Theory of relativity
상대성 이론

Theory of relativity

땅에 서서 작은 공을 위로 던지면, 공은 다시 우리 손으로 떨어지지요.
이건 일종의 **물리법칙**이에요.

일정한 속도로 달리는 기차 안에서 공을 위로 던져도, 공은 다시 우리 손에 떨어져요. 그런데, 그 동안 기차는 이미 먼 거리를 움직였어요.

Theory of relativity

땅 위에 멈춰있든, 일정한 속도로 움직이는 기차 안에 있든, 위로 던진 공이 다시 손으로 떨어진다는 물리법칙은 똑같아요. 이것이 바로 **상대성원리**예요.

한 어린이는 플랫폼에서 달리고, 또 다른 어린이는 기차 안에서 달려요.
하지만 기차에 탄 어린이가 훨씬 빠르지요

Theory of relativity

그런데, 빛은 좀 특별해요. 빛은 세상에서 가장 빠른 물질이에요.
그리고 기차 안의 빛이라고 해서 땅 위의 빛보다 빠르지는 않아요.
둘의 속도는 똑같아요.
이것을 **광속도불변의 원리**라고 해요.

상대성원리와 광속도불변의 원리는 모두 아인슈타인이라는 과학자가 발표한 거예요. 아인슈타인은 만약 물체의 속도가 빛의 속도만큼 빨라진다면, 아주 많은 신기한 현상이 생겨날 거라고 말했어요. 이것이 바로 **상대성이론**이에요.

Theory of relativity

상대성이론에 따르면, 기차가 달리기 시작할 때 기차의 길이는 줄어든다고 해요. 이를 **길이 수축**이라고 해요.

왜 우리는 평소에 날아가듯 빠르게 달리는 기차가 짧아지는 것을 보지 못했을까요? 왜냐하면 기차는 그 정도로 빠르지는 않기 때문이에요.
100m 길이의 기차가 달리기 시작하면, 고작 원자핵만큼의 길이만 짧아질 수 있어요. 그런데 만약 기차의 속도가 빛의 속도의 절반쯤 된다면, 100m짜리 기차가 86m쯤으로 변해요.
만약 기차가 빛만큼 빠르게 달린다면, 길이는 어마어마하게 줄어들겠지요.

Theory of relativity

상대성이론의 또 다른 내용은, 몹시 빠른 기차 안에서는 땅에서보다 시간이 느리게 흐른다는 것이죠. 이게 바로 **시간 팽창**이랍니다.

기차가 빨리 달릴수록, 시간은 점점 더 느리게 흘러서 땅 위에 있는 사람의 눈에 기차 안의 모습은 마치 슬로모션처럼 보일 거예요.
만약 기차가 빛만큼 빨리 달릴 수 있다면, 기차 안은 시간이 멈춰서
마치 사진 속 정지 화면처럼 보이겠지요.

Theory of relativity

상대성이론에서 제일 신기한 부분은 말이지요. 만약 땅에 있는 사람이 기차가 짧아졌다고 느끼고 기차 안의 시간이 느려진다고 생각해도, 기차 안에 있는 사람은 그렇게 생각하지 않는다는 거예요. 기차 안에 있는 사람은 자신의 생활리듬이 땅에 있을 때와 다를 바 없다고 느끼거든요.

기차에 탄 사람은 오히려 플랫폼이 짧아진다고 느끼고, 플랫폼에서의 시간이 느려진다고 생각해요. 시간과 공간은 모두 상대적이라는 것, 이게 바로 상대성이론이랍니다.

또 하나 재미있는 예가 있어요.
만약 우주비행사가 비행선을 타고 머나먼 별로 여행을 떠난다면 어떨까요?
비행선이 빛만큼 빠르게 날아간다면, 비행선 안의 시간은 몹시 느리게 흘러가겠지요.
지구에서는 아마 몇 십 년이 흐르게 될 테지만, 우주비행사는 겨우 몇 시간이
흘렀다고 생각할 거예요. 우주비행사가 다시 돌아올 때면, 아마 자신의 후손보다도
젊을 거예요.

Theory of relativity

상대성이론에 따르면,
물체가 움직인 다음에는 질량이 커진다고 해요.
유리구슬이 만약 빛의 속도로 움직인다면, 지구보다 더 무거워진다는 뜻이지요.
그리고 물체의 질량이 커질수록 에너지도 커져요.
이를 **질량-에너지 등가**라고 해요.

시간, 공간과 질량은 모두 속도 때문에 변한다는 것이 바로 **특수상대성이론**이에요. 아인슈타인이 26살이 되던 때 발표한 이론이지요. 그렇다면 중력을 만들어내는 건 또 무엇일까요? 10년 후, 이 문제에 대해 내놓은 아인슈타인의 해답이 바로 **일반상대성이론**이랍니다.

Theory of relativity

방 하나에는 길이와 폭, 높이의 세 가지 차원이 있지요. 우리는 이를 **삼차원 공간**이라고 해요. 시간이 1초씩 흐르는 것은 일차원 시간이지요. **삼차원 공간과 일차원 시간이 더해지면, 사차원적 시공간이 된답니다.**

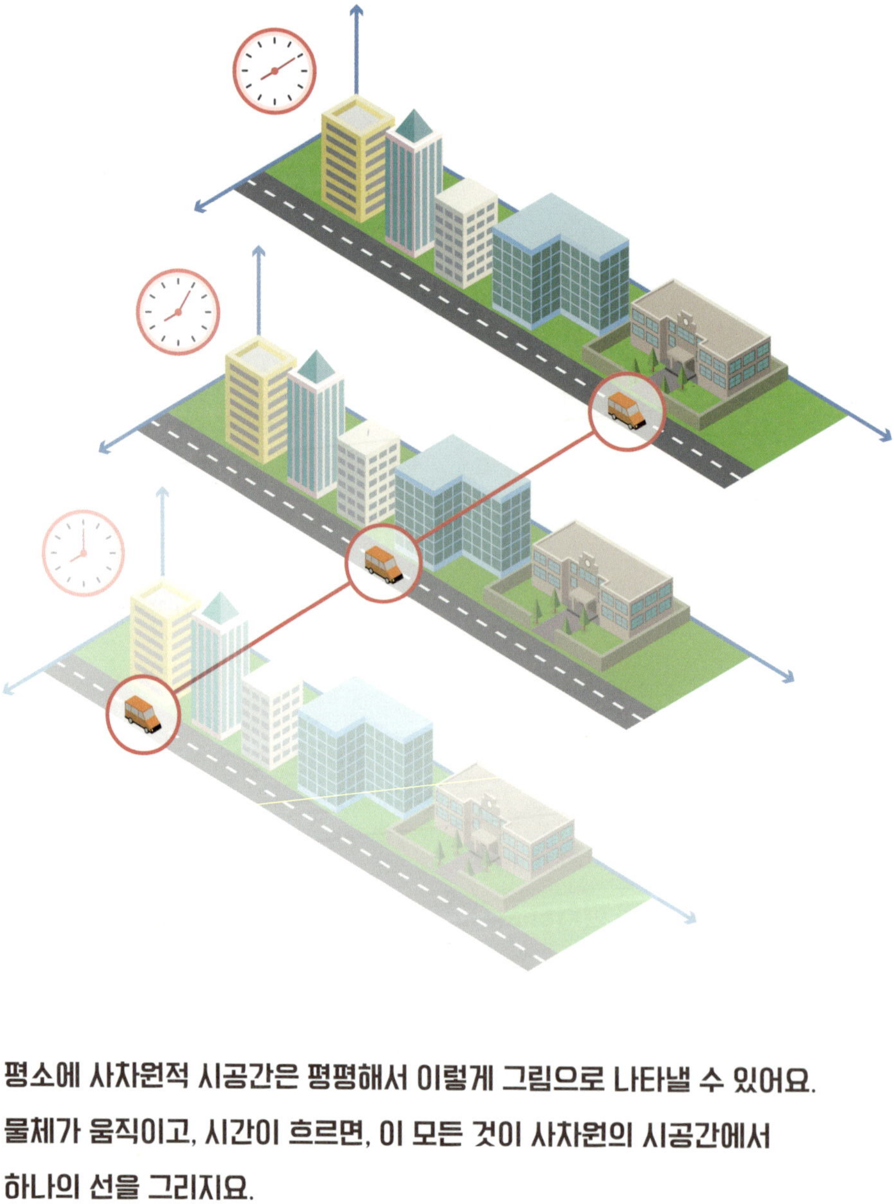

평소에 사차원적 시공간은 평평해서 이렇게 그림으로 나타낼 수 있어요.
물체가 움직이고, 시간이 흐르면, 이 모든 것이 사차원의 시공간에서
하나의 선을 그리지요.

그렇지만 만약 질량이 몹시 큰 천체가 존재한다면, 시공간이 뒤틀리고
사차원 시공간도 휘어지게 될 거예요. 주변에서 움직이던 작은 물체들은
모두 영향을 받게 되겠지요. 이것이 바로 <u>만유인력</u>이에요.
예를 들면, 태양이 시공간을 뒤틀어 버리기 때문에
지구가 태양 주위를 돌고 있는 거예요.

아득히 먼 별이 뿜어내는 빛이 태양의 근처를 지날 때면, 시공간이 뒤틀려서 그 빛의 방향이 바뀌지요. 일식 때 태양 주변에 보이는 별의 위치를 관측하면 이것을 확인할 수 있어요.

Theory of relativity

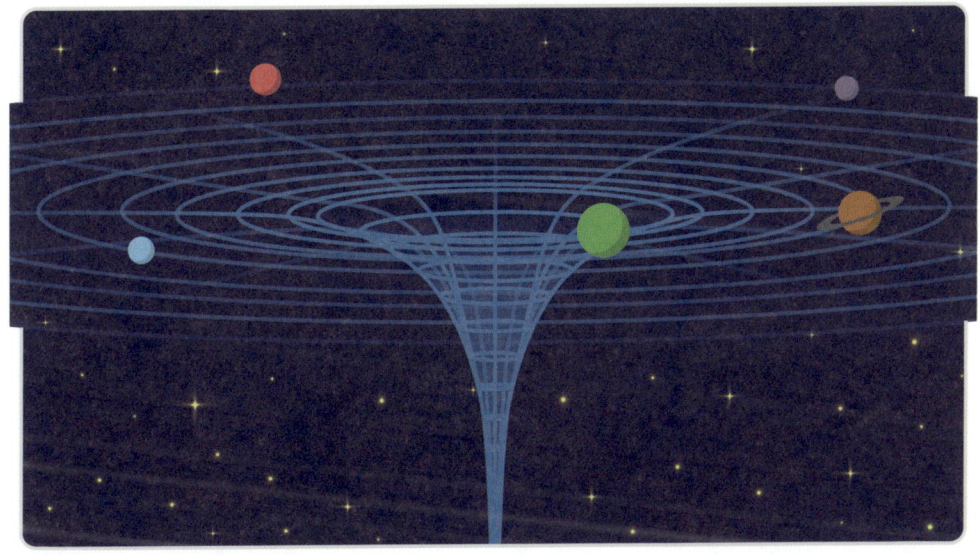

만약 천체의 질량이 엄청나게 크다면, 시공간의 왜곡도 어마어마할 테지요. 그럼 근처에 있는 모든 물체를 전부 다 빨아들일 거예요. 빛도 예외는 아니지요. 이것이 바로 **블랙홀**이에요.

블랙홀 근처에는 **사건지평선**(Event horizon)이라고 부르는 범위가 있어요. 이 범위 바깥에 있는 빛은 블랙홀로부터 도망갈 수 있어요. 이 범위 안쪽으로는 모든 물체가 블랙홀 중심으로만 움직일 수 있는데, 이 중심을 **특이점**이라고 해요. 그런데 우리는 아직 특이점에 대해 아는 것이 아무것도 없답니다.

Theory of relativity

여러분, 이제 여러분은 상대성이론 전문가랍니다!

독자의 편지

 선생님 안녕하세요! 저는 우주가 정말 좋아요. 그런데 우주는 어떻게 시작된 건가요?

138억 년 전, 우주에 있던 모든 물체가 한 곳에 모였죠. 갑자기 그 지점에서 엄청난 폭발, 그러니까 빅뱅이 일어났어요. 1초가 채 되지 않아서, 가장 가벼운 원소인 수소 원자핵이 생겨났지요. 몇 분 후에는, 수소 원자핵들이 모여서 헬륨 원자핵을 만들어냈어요. 수소와 헬륨은 우주에서 가장 기본적인 물질이에요. 맨 처음에 우주는 아주 작고 몹시 뜨거웠는데, 날이 갈수록 우주의 규모가 천천히 커지면서 온도는 차츰 낮아져 지금과 같은 모습이 되었답니다.

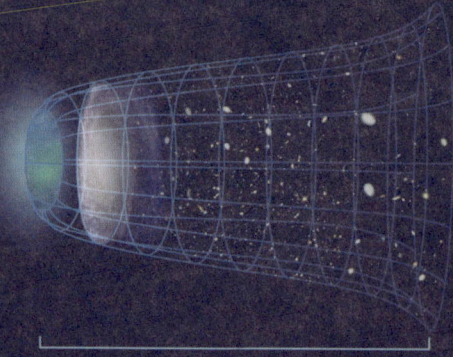

-빅뱅과 우주 팽창-

🧒 그러면 태양과 달, 지구는 어떻게 생겨났어요?

👨‍🔬 우주가 만들어질 때, 무수히 많은 수소와 헬륨 원자도 생겨났다고 했지요? 이러한 원자 사이에는 만유인력이라고 하는, 서로 끌어당기는 힘이 있었어요. 만유인력이 작용하면서 원자들이 차츰 서로 모여서 별들이 만들어졌어요. 만약 별의 질량이 충분히 크다면, 별 한가운데의 온도와 압력이 몹시 높았겠지요. 그렇다면 중심에 있는 원자핵에서 핵융합이 일어날 수 있고요. 핵융합이 일어나면 어마어마한 에너지가 뿜어져 나오는데, 이렇게 스스로 빛과 열을 내는 별을 항성이라고 해요. 만약 질량이 얼마 되지 않는다면, 원자핵이 핵융합을 할 수 없어서 빛이나 열을 뿜어낼 수 없어요. 스스로 빛을 내지 못하고 별 주위를 도는 천체를 행성이라고 해요.

👧 아, 그렇다면 지구는 질량이 그렇게 크지 않아서 태양처럼 빛을 낼 수가 없는 거군요. 그렇다면 블랙홀은 어떻게 생겨난 거예요?

👨‍🔬 별(항성)은 빛과 열을 뿜어내면서 스스로 에너지를 소모해요. 아주아주 많은 시간이 흐른 다음에는, 별(항성)이 더 이상 빛을 소모할 에너지가 없어서 죽게 되지요. 만약 별(항성)의 질량이 작은 편이라면, 죽은 후에는 *백색왜성이나 *중성자별이 될 수도 있어요. 그렇지만 만약 별(항성)의 질량이 어마어마하게 커서, 죽은 후에 잔해가 남으면 블랙홀이 된답니다. 블랙홀은 근처에 있는 모든 물체를 빨아들여요. 빛조차도 여기서 벗어날 수는 없지요.

*백색왜성(white dwarf): 항성 진화의 마지막 단계에서 표면층 물질을 행성상성운으로 방출한 뒤, 남은 물질들이 축퇴하여 형성된 청백색의 별이다. 질량은 태양의 1.4배 이하, 크기는 평균 지구 정도이며, 핵융합 반응 없이, 천천히 식다가 빛을 내지 못하는 어두운 천체로 일생이 끝난다.

*중성자별(Neutron star): 반경이 약 100km 정도 되는 작은 별이지만 질량에 있어서는 태양과 비슷한 별이다. 원자핵과 원자핵이 서로 닿을 정도로 밀도가 커서 한 숟가락의 중성자별의 물질은 그 무게가 천만 톤 정도나 된다.

 블랙홀이 빛을 전부 빨아들이면, 우리는 영원히 블랙홀을 볼 수 없는 것 아닌가요?

블랙홀은 사건지평선 안쪽의 빛만 끌어당길 수 있어요. 사건지평선 바깥에는 아직 높은 온도와 빛을 내는 물질이 블랙홀을 둘러싸고 있답니다. 이 물질들은 블랙홀의 강착원반(accretion disc)을 이루지요. 인류는 이미 발달한 천체망원경으로 블랙홀 그림자를 촬영했어요.

보세요, 중간에 까맣게 보이는 부분이 사건지평선인데, 빛이 그 안으로 들어가면 나오지 못하지요. 사건지평선 바깥에서 밝게 빛나는 부분은 블랙홀을 둘러싸고 있는 강착원반이랍니다. 우리가 볼 수 있는 부분 말이에요.

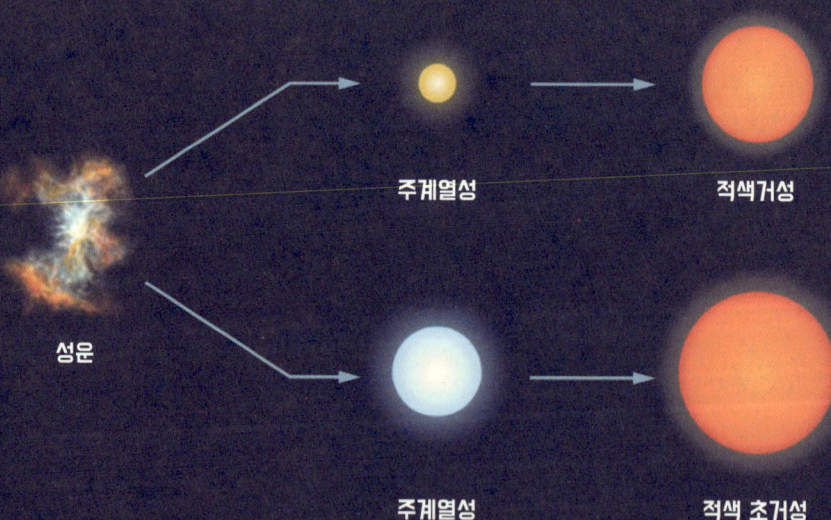

Theory of relativity

이제 마지막 질문이 남았어요. 블랙홀이 시간을 느리게 할 수 있나요?

맞아요. 아인슈타인의 상대성이론을 보면, 블랙홀에 가까워질수록 시간은 점점 느려진다고 해요. 만약 누군가가 블랙홀 근처로 여행을 갔다가 사건지평선 안으로 발을 헛디디지 않는다면, 나중에 지구로 돌아왔을 때 자신은 겨우 1년 쯤 시간이 지났다고 생각할 거예요. 그렇지만 지구에서는 이미 몇 십 년이 훌쩍 지났을 테지요.

아하! 저는 이제 자러 갈래요. 몇십 년이나 잠들지 않으려면 블랙홀에서 조금이라도 더 떨어져야겠네요. 안녕히 주무세요!

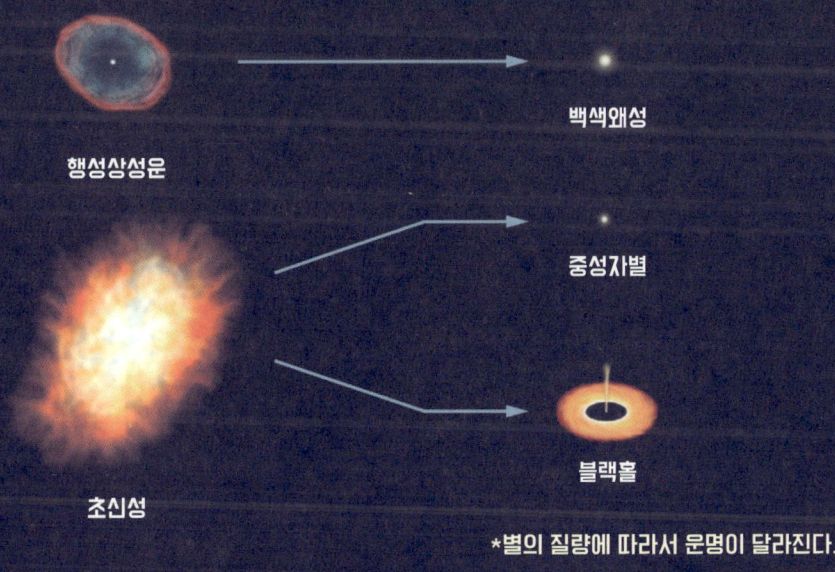

행성상성운
백색왜성
초신성
중성자별
블랙홀

*별의 질량에 따라서 운명이 달라진다.

PHYSICS 10

quantum mechanics

양자역학

주변에서 볼 수 있는 물체는 모두 **에너지**를 가지고 있어요.

우리가 이용하는 에너지는 대부분 태양이 우리에게 주는 것들이지요.

태양이 빛의 형태로 식물에게 에너지를 주면,

식물은 또 동물의 에너지원이 된답니다.

동물과 식물이 죽고 난 후에 땅속에 묻히면 석탄으로 변해요.

그 석탄은 화력발전소에서 전기에너지를 만드는 원료로 쓰여요.

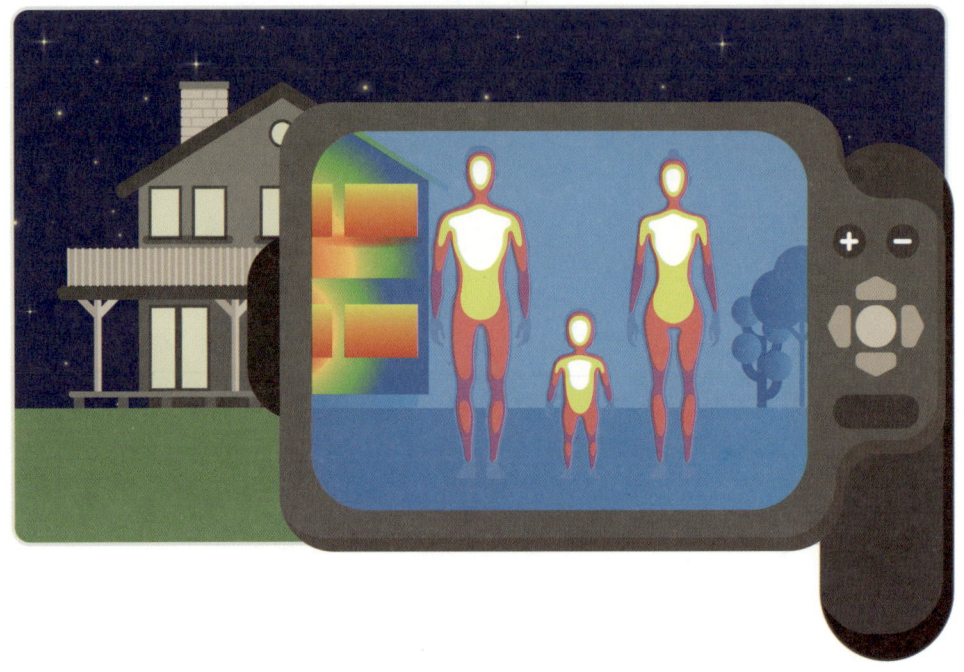

그런데 꼭 태양이 아니더라도, 모든 물체는 빛과 에너지를 내뿜는다는 사실이 발견됐어요. 온도가 낮아질수록 내뿜는 빛이 약해지고, 온도가 높아질수록 더 강한 빛이 뿜어져 나오기 때문에, 특수 안경인 **적외선 안경**을 쓰면 어둠 속에서도 물체를 볼 수 있어요.

과학자들은 이러한 방법으로 모든 물체에서 나오는 빛의 스펙트럼을 밝혀낼 수 있을 거라고 기대했지만, 실패로 돌아갔답니다.

때마침 등장한 과학자 플랑크는, 만약 에너지가 조각 조각난 모양이라면 물체의 발광현상을 풀어낼 수 있을 거라고 생각했어요. 에너지를 계단에 비유하자면, 층계 하나하나가 가장 작은 에너지 한 조각과 같다고 여겼지요.
이 에너지 조각을 **양자**라고 했어요. 플랑크는 또 플랑크상수 h를 계산해 냈어요. 양자의 에너지는 이 상수와 관련이 있답니다.

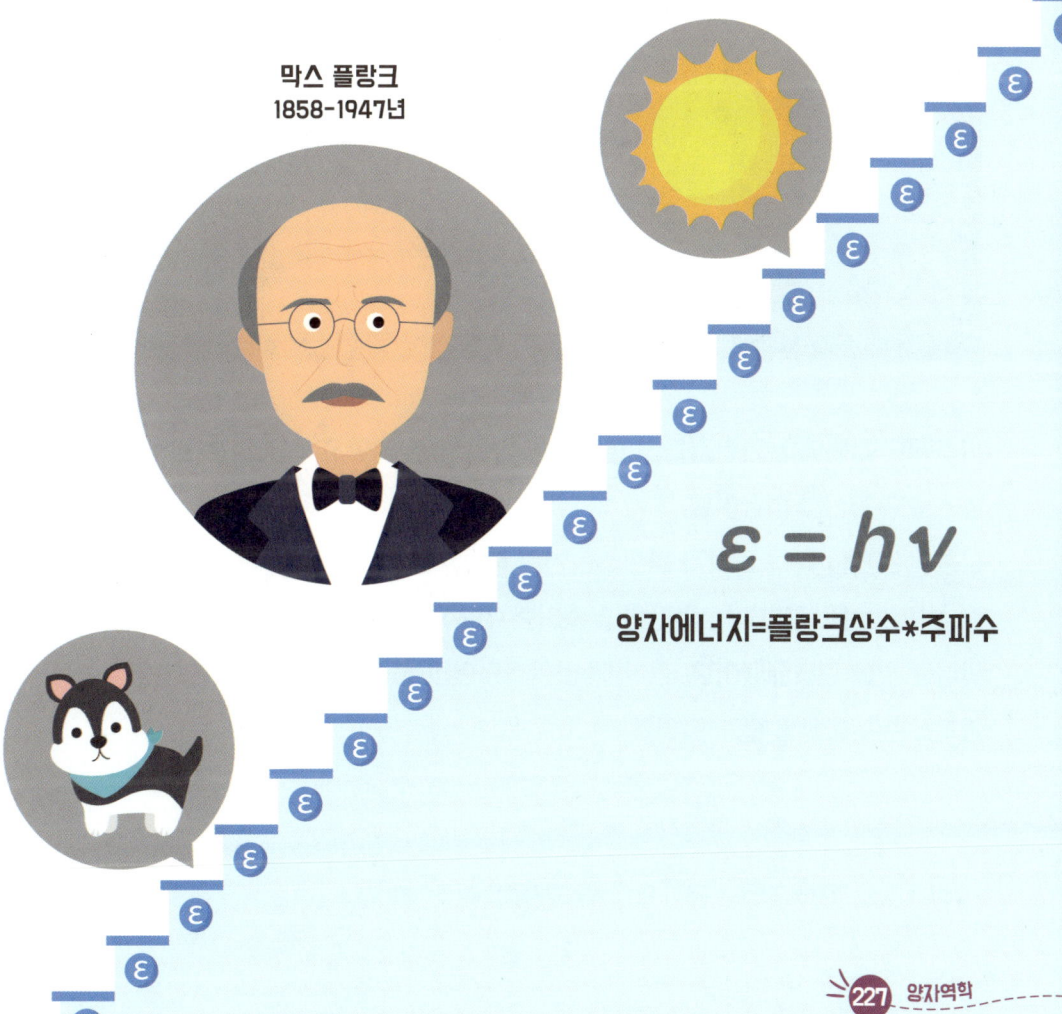

막스 플랑크
1858-1947년

$\varepsilon = h\nu$

양자에너지=플랑크상수*주파수

아쉽게도 처음에는 과학자들이 플랑크의 말을 믿지 않았고, 심지어는 플랑크 스스로도 자신이 없었어요.
나중에 나타난 젊은 과학자 아인슈타인이 **광양자***의 개념을 사용하여 광전효과를 잘 설명했는데, 광양자는 양자의 일종이었지요. 아인슈타인은 플랑크의 주장이 맞다는 것을 증명해냈어요. 그 덕에 아인슈타인과 플랑크 둘 다 세계 최고의 과학상인 노벨상을 받게 되었죠.

***광양자** 빛을 입자로 보았을 때의 이름. 《광학사》를 참고하세요

Quantum mechanics

제7대 루이 드 브로이 공작
1892-1987년

프랑스에는 드 브로이라는 대대로 내려온 공작 가문이 있었어요. 제7대 드 브로이 공작은 신비로운 양자역학에 흠뻑 빠져 몰두하게 되었지요. 공작은 연구를 통해, 세상의 모든 물체는 빛과 마찬가지로 사실은 기본입자인 동시에 파동이라는 것을 발견했어요. 이를 **물질의 파동-입자 이중성**이라고 해요.

PHYSICS 10

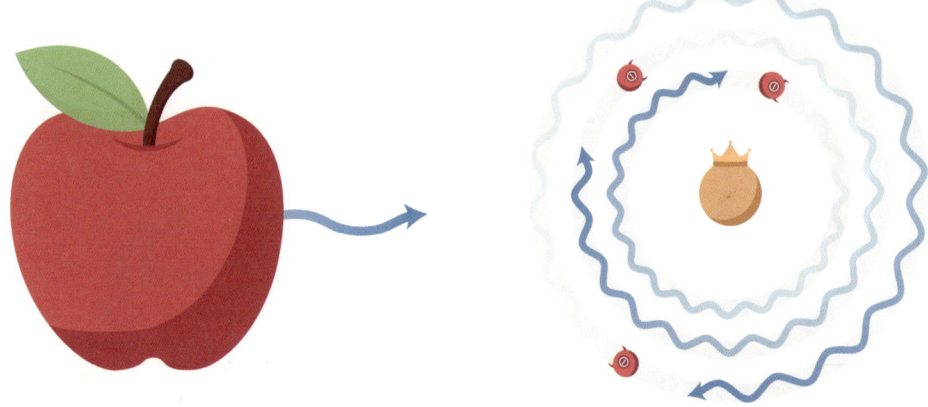

그런데 말이에요, 우리는 여태껏 사과에서 파동 같은 것이 흘러나오는 것을 단 한 번도 본 적이 없잖아요!

드 브로이 공작은, 만약 물체의 질량이 크다면 그 물체의 파동은 아주 약해서 우리가 느끼지 못할 거라고 했죠. 마치 사과에서 아무것도 볼 수 없듯이요. 그렇지만 전자처럼, 미시적인 세계의 소립자는 질량이 너무나 작아서 파동성을 보인다는 거예요. 전자가 원자핵 주위를 돌며 운동할 때, 사실은 원자핵 바깥에 전자가 파동을 만들어 낸다는 거죠.*

---

*《진동과 파동》을 참고하세요.

😊 Quantum mechanics

만약 우리가 전자 하나를 스크린에 쏘면, 밝은 점 하나가 만들어질 거예요. 그러면 전자는 **기본입자**라는 사실이 설명되지요.

그런데 만약 우리가 아주 많은 전자를 구멍 두 개가 뚫린 판을 통과시켜 스크린에 쏜다면, 횡단보도 모양이 그려져요. 이 현상은 전자가 **파동**처럼 서로 **간섭***한다는 사실을 보여주지요.

덴마크의 물리학자인 보어는, 전자가 입자로 보일지 파동으로 보일지는 우리가 전자를 어떻게 관측하느냐에 달려있다고 말했어요.

---

*《광학사》를 참고하세요.

닐스 보어
1885-1962년

231 양자역학

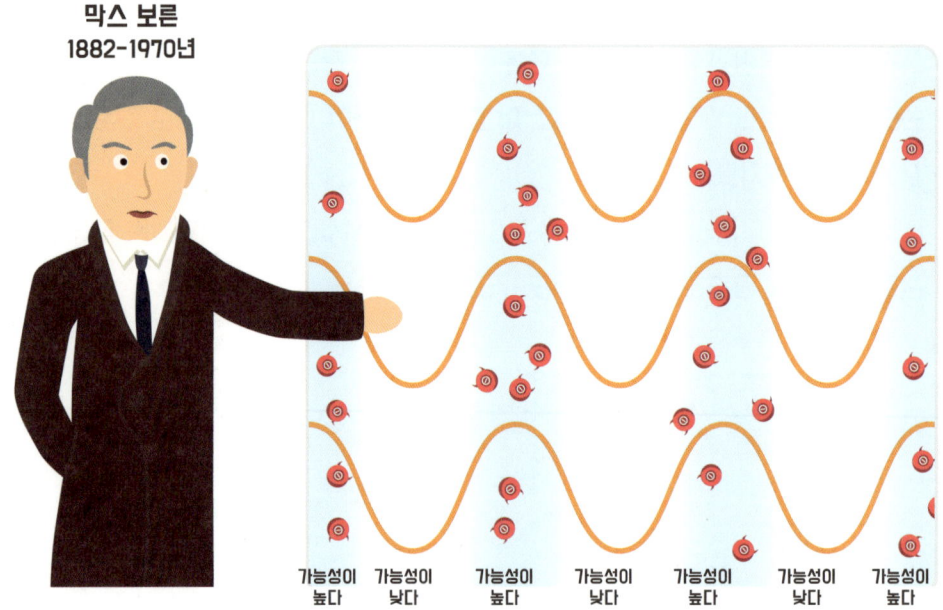

그러면, 전자의 파동은 도대체 무엇을 나타내는 걸까요?
독일 과학자인 보른은, 전자의 파동은 전자가 나타날 **확률**을 의미한다고
보았어요. 확률은 곧 가능성이지요.
어떤 부분에 전자의 파동이 아주 강하다는 것은 전자가 나타날 가능성도
몹시 높다는 뜻이지요. 전자의 파동이 약한 부분이 있다면, 그 부분에서는
전자가 나타날 가능성이 적다는 뜻이 되고요.
우리가 관찰하기 전까지는, 아무도 도대체 전자가 어디에 있는지 알 수 없는 거지요.

Quantum mechanics

보른의 제자인 하이젠베르크는 이렇게 덧붙였어요. 우리가 사는 세계와는 달리, **양자 세계에서는 위치와 속도가 모두 불확실**하다고요. 예를 들어 어떤 전자는, 우리가 전자의 위치를 찾아내도 그 속도를 알 수가 없다고 해요. 만약 우리가 전자의 속도를 알아내고 싶어도 그 전자가 어디에 있는지는 알 수가 없고요. 이를 가리켜 **불확정성원리**라고 한답니다.

에너지

시간과 에너지도 마찬가지로 불확실성을 가지고 있어요. 아주 짧은 시간에 에너지는 갑자기 커질 수도 있고 아무런 이유 없이 사라질 수도 있어요. 이를 가리켜 **양자요동**이라고 하는데, 마치 고요한 바다같을 때도 있고, 넘실대는 파도같을 때도 있다는 뜻이지요.

과학자들은, 우주에는 원래 아무것도 없었는데 갑자기 아주 강력한 에너지가 훌쩍 나타나서 **빅뱅**이 일어났고, 그렇게 이 세상이 시작된 것이라고 생각한답니다.

Quantum mechanics

보어, 보른, 그리고 하이젠베르크.
이 세 과학자는 양자이론을 만들고 **코펜하겐학파**를 세웠어요.
코펜하겐은 덴마크의 수도로, 보어는 진작부터 이 도시에 있는
코펜하겐대학교의 교수였지요.

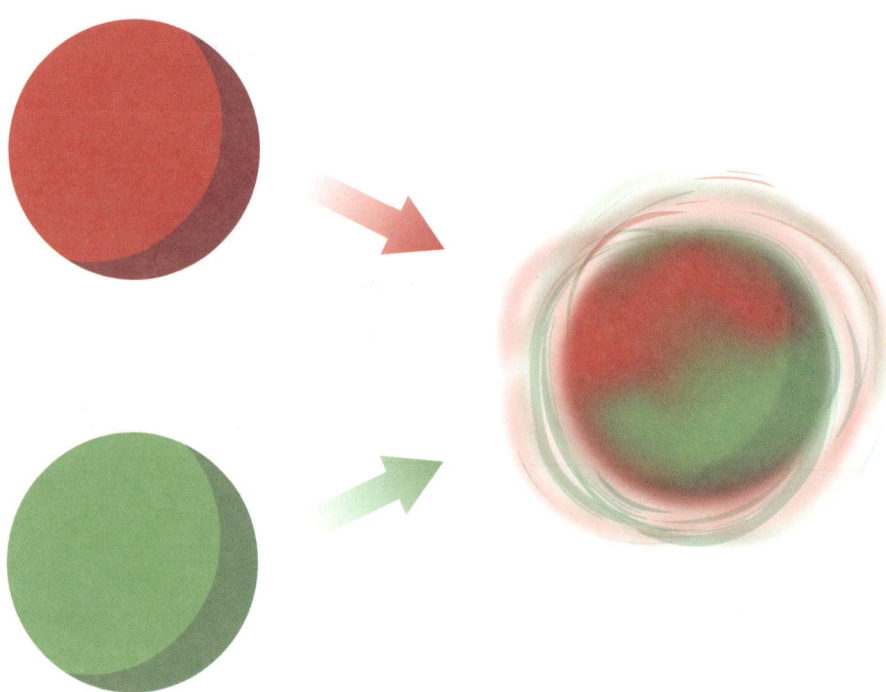

코펜하겐학파는, 양자 세계와 우리의 세계는 다르다고 주장했어요.
일상생활에서는 공이 빨간색이거나 초록색이라고 하면,
양자의 세계에서는 그 공이 빨간색인 동시에 초록색일 수도 있다고 했지요.
이를 **중첩**이라고 해요.

Quantum mechanics

우리가 이 양자 공을 관찰할 때, 양자 공이 순식간에 빨간색이나 초록색으로 휙 바뀌는 것을 중첩이 무너진 **고유상태**라고 해요.
그리고, **어떤 때 관찰하느냐에 따라 양자 공의 색이 달라진답니다.**
너무 신기하지요!

에르빈 슈뢰딩거
1887-1961년

그렇지만 수많은 과학자들은 코펜하겐학파의 시각에 반대했어요. 오스트리아의 물리학자인 슈뢰딩거는 분노에 가득 차서 이렇게 말했어요.

"내가 양자장치와 독약이 든 상자에 고양이 한 마리를 넣는다고 칩시다. 만약 양자 공이 빨간색이면 독약이 나와서 고양이는 죽소. 그리고 양자 공이 녹색이라면 독약이 나오지 않아서 고양이가 살아난다오."

이게 바로 **슈뢰딩거의 고양이 실험**이에요.

Quantum mechanics

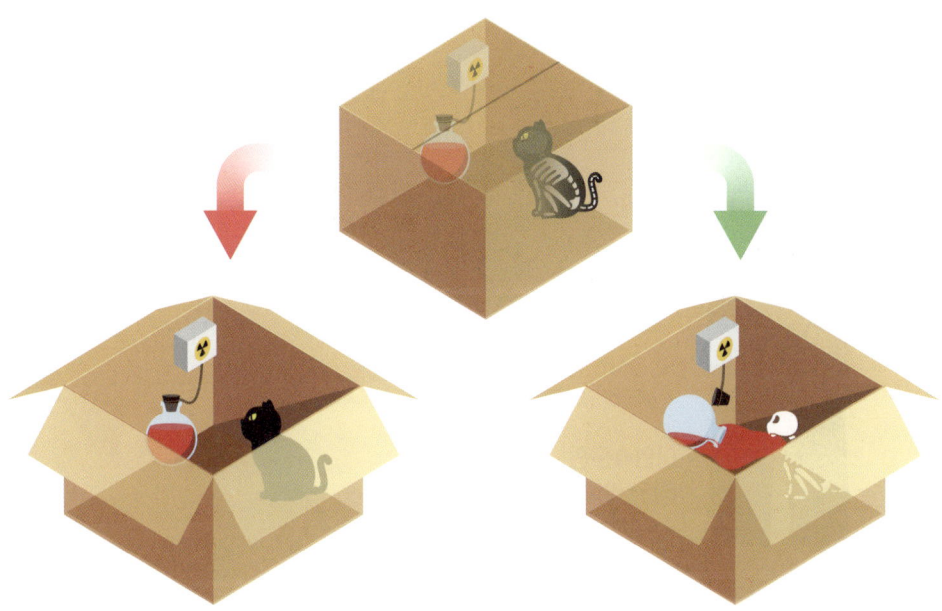

중첩이 존재한다고 가정할 때, 만약 우리가 상자를 닫아 둔 상태를 관찰한다면 양자 공은 빨간색과 초록색이 중첩된 상태기 때문에 고양이는 죽은 동시에 살아있는 것이 되겠지요. 그런데 상자를 여는 그 순간에만 고양이는 죽은 동시에 살아있는 상태였다가 살아있거나 죽은 고양이가 된다는 거예요. 이게 얼마나 터무니없는 소리인가요!

아인슈타인
1879-1955년

아인슈타인은 "신은 주사위를 던지지 않는다"고 말했어요. 가능성으로 양자역학을 해석하는 것은 분명 틀렸다는 뜻이지요.

Quantum mechanics

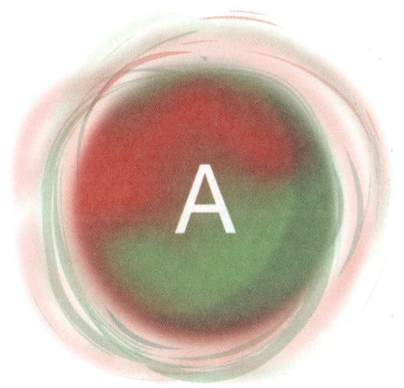
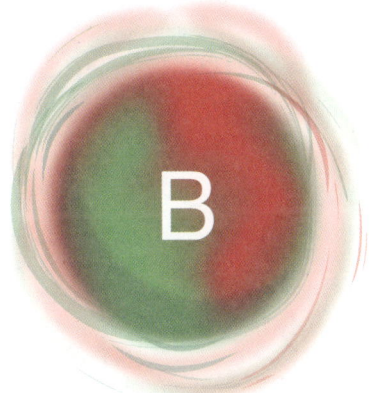

아인슈타인도 사고실험을 하나 설계했어요.

서로 다른 색인 양자 공 A와 B 두 개가 함께 얽혀있는 상태인데, 이 공의 색깔은 틀림없이 서로 다르지만, 만약 우리가 관찰하지 않을 때는 어떤 공이 빨간색이고 어떤 공이 초록색인지 알 수 없다는 것이죠.

PHYSICS 10

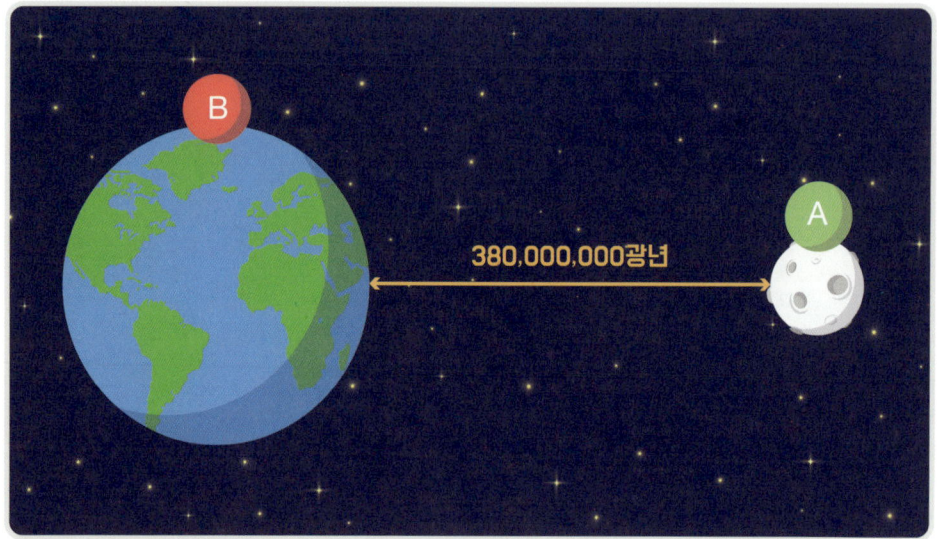

양자 공 A를 머나먼 달로 보내고 양자 공 B는 지구에 두어 봅시다. 두 공은 아까와 마찬가지로 얽혀있는 상태이고요.

우리가 양자 공 B를 관찰할 때 빨간색이었다면, 곧바로 먼 곳에 있는 양자 공 A는 초록색이라는 것을 알게 되겠지요. 그들이 더 이상 뒤섞이지 않았다면요.

그런데, 우리가 공 B를 관찰하고 있다는 것을 그렇게나 멀리 있는 공 A가 대체 어떻게 알겠어요? 이것이 바로 **EPR역설***이에요.

***EPR역설** 아인슈타인(E), 포돌스키(P), 로젠(R)의 머리글자를 딴 실험으로, 양자역학이 완전한 물리 이론이 아님을 보여주는 역설이다.

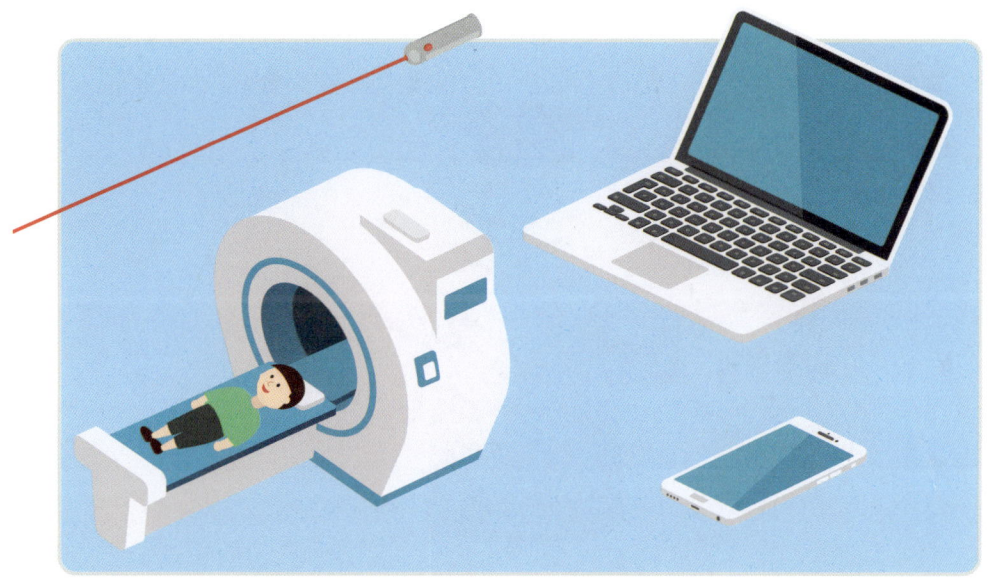

비록 그렇게나 많은 사람들이 반대했지만, 양자역학은 탄생한 지 100년이 넘는 동안, 인류가 여러가지 유용한 것을 만들어내는 데 큰 도움을 주었어요. 예를 들면 공업용 **레이저**라든지, 병원에서 쓰는 **MRI**, 우리가 쓰는 **컴퓨터**나 **휴대전화**는 모두 양자역학 지식을 활용한 것들이에요.

PHYSICS 10

양자역학은 아직도 풀리지 않은 문제가 엄청나게 많답니다.
우리 멋진 친구들이 아마 그 수수께끼를 풀 수 있을 거예요!

📖 독자의 편지

🧒 선생님 안녕하세요, 어떤 방법으로 관찰하는지에 따라서 전자는 파동일 때도 있고, 입자일 때도 있다고 말씀하셨잖아요. 그런데 저는 아직 이해가 잘 안돼요.

👴 이 그림을 한 번 볼래요? 이 그림에서 소녀가 보이나요, 아니면 할머니가 보이나요?

🧒 와, 이 그림 진짜 신기해요. 저는 소녀라고 생각했는데, 아빠는 할머니가 보이신대요.

👴 그렇죠. 같은 그림이라도 사람마다 다르게 볼 수 있어요. 양자 세계의 물체는 바로 이 그림 같은 거예요. 어떤 때는 파동으로 표현되기도 하고, 어떤 때는 입자로 표현되기도 하는 거죠.

🧒 아까 말씀하셨던 슈뢰딩거의 고양이 말이에요, 상자 안에 살아있으면서 죽어 있기도 한 그 고양이요. 왜 상자에 유리창을 달 생각을 하지 않은 건가요? 그랬다면 상자를 열어보지 않고도 고양이가 살아있는지 죽었는지 똑똑히 볼 수 있었을 텐데 말이에요.

그건 말이지요, 상자를 열든 투명한 유리로 관찰하든 양자역학에서 보면 똑같은 '관측'이기 때문이에요. 우리가 양자 공을 관측하지 않을 때에만 공은 빨간색이면서 초록색이에요. 우리가 양자 공을 관측하는 그때 공은 바로 빨간색이나 초록색으로 변하고 또 다시 변하지는 않아요. 이를 관찰자효과라고 한답니다. 그러니 다시 말하면, 우리가 상자에 유리창을 달았다고 하더라도 중첩상태(*살아있는 동시에 죽은)의 고양이는 관찰할 수가 없는 것이지요.

아하, 그런데 반은 살아있고 반은 죽어있는 고양이는 생각만 해도 끔찍해요.

최근 100년 동안, 무수히 많은 과학자들이 온갖 방법으로 슈뢰딩거의 고양이를 구하려 했어요. 어떤 과학자는 평행세계가설을 제시하기도 했고요. 무슨 말이냐면, 우리가 이 고양이를 박스에 가두면 세상이 두 개로 나뉜다는 거예요. 한 세상에는 고양이가 살아있고, 또 다른 세상에는 고양이가 죽어있다고 했죠. 오직 박스를 열어야만 우리가 어떤 세계에 있는지 알 수 있다면서요. 그러니까 고양이는 중첩상태가 아니라 각각의 세계에 나뉘어져 있다는 말이에요.

 으으, 더 무서운걸요! 우리 다른 이야기를 할까요? 아까 선생님이 양자역학을 이용해서 레이저를 발명했다고 하셨는데, 레이저가 뭐예요?

레이저는 '유도방출에 의해 증폭된 빛(Light Amplification by Stimulated Emission of Radiation)'의 줄임말이에요. 에너지가 아주 크고 방향성이 좋은 빛이지요. 레이저는 꽤 쓸모가 많아요. 우리가 평소에 쓰는 씨디롬의 데이터를 레이저로 읽어내지요. 집에 있는 광케이블도 레이저를 이용해 통신을 주고받아요. 에너지가 몹시 큰 레이저는 금속을 자르거나 수술용 칼을 만드는 데에도 쓰이지요.

그렇군요! 제가 <스타워즈>라는 영화를 봤는데, 영화에 나오는 전사들이 다들 레이저검을 무기로 쓰더라고요. 저는 이만 자러 갈게요. 어쩌면 자면서 신비로운 양자세계에 가는 꿈을 꿀지도 모르겠어요!

잘 자요! 좋은 꿈 꾸고요!

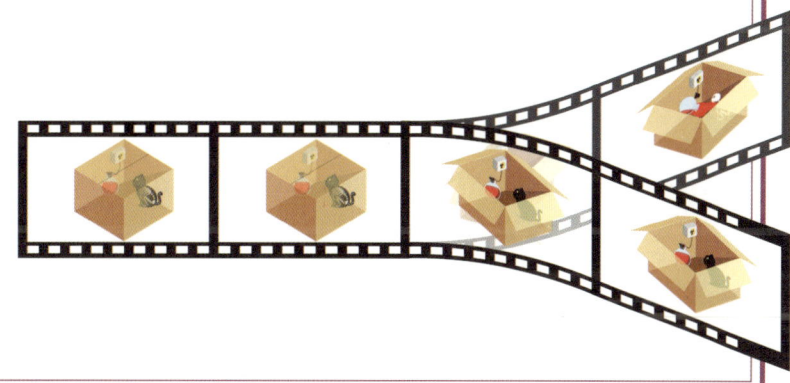

초딩 인생 처음 물리
초딩의 눈높이로 배우는 세상의 모든 물리

초판 1쇄 발행 2021년 9월 20일
   5쇄 발행 2025년 6월 10일

지은이 | 리용러
옮긴이 | 안지선
감수 | 장형진

펴낸이 | 박선영
디자인 | 이다혜
교정·교열 | 김수영
마케팅 | 이경희

펴낸 곳 | 의미와 재미
출판신고 | 2019년 1월 30일 제2019-000034호
주소 | 서울특별시 서초구 방배천로18길 11, 106-1704
전화 | 02-6015-8381
팩스 | 02-6015-8380
이메일 | book@meannfun.com
블로그 | https://blog.naver.com/meannfun

ISBN 979-11-972582-6-8(77420)

*이 책은 저작권법에 따라 보호받는 저작물이므로 무단전재와 무단복제를
 금하며, 이 책 내용의 전부 또는 일부를 이용하려면 반드시 저작권자와
 출판사의 서면 동의를 받아야 합니다.

*책값은 뒤표지에 있습니다.
*잘못된 책은 구입처에서 바꿔드립니다.